Aus dem oberen Bayern

Hans Eckart Rübesamen

Aus dem oberen Bayern

Lieblingslandschaften in Miniaturen

Mit Illustrationen von Brigitte Weigert

Verlag J. Berg · München

ISBN 3-7634-0671-9
Printed in Germany

Inhaltsverzeichnis

Vierzig Tagwerk im Bayerischen Meer

Vor Allerheiligen auf der Fraueninsel

Weil keiner mehr kommt, holt der Bootsmann die Gangway ein und macht die Leinen los. Sanft aufbrausend legt die »Maximilian« vom Steg ab, stößt ein Stück zurück, dreht ab und richtet den Bug ostwärts. Das Schiff gehört zu den kleineren am See. Doch an diesem Nachmittag hätte auch ein Fischerboot den Passagierverkehr zwischen Gstadt und der Insel bewältigen können. Zwei Mann Personal, zwei Fahrgäste: Ein junges Mädchen, das in Prien Blumenbinderin lernt, und ein einzelner Mann mit Reisetasche, der ein paar Tage auf der Insel bleiben will.
Sechs Minuten braucht die »Maximilian« bis zur Anlegestelle vor dem Kloster. Die letzten Strahlen der Sonne, die bereits hinter der Ratzinger Höhe verschwunden ist, brechen sich an den Kalkfelsen der Kampenwand. Die Fenster einer Almhütte unterhalb des Hochfelln flammen plötzlich glutrot auf, verlöschen aber gleich wieder. Von der Insel her hört man die Glocken des Münsterturms zum Gebet läuten. Der See liegt glatt und ruhig. Doch die Bugwellen des Schiffs bringen die Jachten, die noch an der Boje hängen, zu weitschweifigen, übertrieben wirkenden Schlingerbewegungen. Enten, Möwen und Bläßhühner, die das Ufer entlang schwimmen, sitzen die Wellen viel gelassener aus.
Der Dampfersteg ist schwarz von Leuten. Eine Beerdigungsgesellschaft hat »die Leich'« im Kloster-Café feucht-fröhlich ausklingen lassen. Alte, verhutzelte Bauersleute sind darunter, die es auch nicht mehr weit haben bis zum eigenen Grab; jetzt aber wollen sie

erst einmal nach Rimsting, Eggstätt und Truchtlaching zurück. Ein schwarzer Beerdigungshut geht über Bord. Langsam treibt er über den tiefviolett schimmernden See in Richtung Chieming ab, ein dunkler Punkt zwischen den Wasservögeln, der sich bald in der Abenddämmerung auflöst.

Der Bootsmann hat die Positionslichter eingeschaltet. Das Schiff verschwindet um die Nordostecke der Insel. Die rote Backbordlaterne ist noch eine Weile hinter den Uferweiden zu sehen. Das Mädchen ist schon vorausgegangen. Im Münster beten die Frauen jetzt den Rosenkranz. Der Mann nimmt seine Reisetasche auf und geht über den Holzsteg an Land, der einzige fremde Gast auf der Insel, ein paar Tage vor Allerheiligen.

Die Fraueninsel im Chiemsee, früher auch Nonnenwert oder Frauenwörth, ist 130000 Quadratmeter groß, vierzig bayerische Tagwerk. In zwanzig Minuten gemächlichen Gehens kann man sie einmal umrunden. Etwa 500 Menschen leben auf der Insel. Die meisten gehören zum Kloster, als Klosterfrauen, Angestellte, Internatsschülerinnen. Auch die anderen haben früher vom oder für das Kloster gelebt, als Handwerker, Fischer, Gärtner, Mesner, Holzknechte, Stallmädge, Wäscherinnen und Fischräucherinnen. Eine richtige Landwirtschaft hat es hier nie gegeben. Nur für den Gemüsegarten hat der Platz auf der Insel gereicht und für das nötigste Kleinvieh.

Einige Familien vermieten heute Zimmer oder Ferienwohnungen in ihren Häusern. Aber es sind vor allem Tagesausflugsgäste, die während der Sommermonate wie die Heuschreckenschwärme einfallen und ebenso plötzlich wieder abziehen, allerdings ohne bleibenden Schaden zu hinterlassen. Die wenigen Neubauten fallen kaum auf. Von Überfremdung und Zersiedlung, den schleichenden Leiden der meisten Dörfer im Voralpenland, weiß man hier nichts. Daran aber, daß ein paar Fremdlinge die Insel zu ihrer zweiten Heimat machen, ist man seit langem gewöhnt. Im Prinzip seit mindestens 1200 Jahren!

Der Baiernherzog Tassilo III. aus dem Geschlecht der Agilolfinger, ein Opfer des fränkischen Zentralismus unter Karl dem Großen, gilt als Stifter der beiden Klöster im Chiemsee, Herren- und Frauenchiemsee. Als Gründungsdatum wird das Jahr 772 genannt; die Klöster gehören damit zu den ältesten im Lande. Kaiser Karls Enkel Ludwig der Deutsche, der bei der ersten Teilung des Frankenreiches das Herzogtum Baiern zugesprochen bekam, setzte seine Tochter Irmengard als Herrin – domina – auf Frauenchiemsee ein mit dem Auftrag, das Stift zu erneuern und auszubauen.

Irmengard ist im Alter von erst 35 Jahren gestorben; das muß anno 866 gewesen sein. Von ihrem Leben wissen wir wenig. Was in den starren lateinischen Floskeln des frühen Mittelalters von ihr überliefert ist, läßt dennoch eine starke, intelligente und wohl auch barmherzige Persönlichkeit erkennen. Schon bald nach ihrem Tode ist sie heiligmäßig verehrt worden, ohne daß die Päpste im fernen Rom von ihr Kenntnis genommen haben. Erst 1928, nachdem der Münchner Kardinal Faulhaber sich für sie ins Zeug gelegt hatte, ist sie von Pius XI. selig gesprochen worden. Doch den gläubigen Chiemgauern ist Irmengard immer schon eine Heilige gewesen, die vieles bewirken konnte.

Vor der Irmengardkapelle im Münster von Frauenchiemsee, in der ihre Gebeine und – separat davon – ihr Schädel aufbewahrt werden, liegt ein Buch auf, in das die Besucher ihre Anliegen hineinschreiben können. (»Die in diesem Buch eingetragenen Anliegen sind in unser Chorgebet eingeschlossen«, läßt das Kloster die Bittsteller wissen.) »Heilige Irmengard, ich bitte Dich, laß meine Eltern nicht mehr so viel streiten... daß Rudolf endlich eine Arbeit findet... daß mein behindertes Kind nicht allein bleibt, wenn ich nicht mehr bin... Wir bitten Dich um den inneren Frieden und um den Frieden in der Welt... behüte unsere Tochter vor dem Unheil...«

Gegenüber der Kapelle, an der Rückwand des Hauptaltares, hängen die Votivtafeln derer, die erhört worden sind: »Irmengard half mir in großer Bedrängnis... in Wohnungsstreitigkeiten... in einem schwierigen Erziehungsfall... vor dem Kentern auf dem stürmischen See...« Sogar bis in die einstige Kolonie Deutsch-Südwestafrika hat, einer Danksagung zufolge, der segensreiche Einfluß der karolingischen Äbtissin gereicht, als endlich der erflehte Regen auf die verdorrenden Weideplätze fiel!

Abends beim »Insel-Wirt« in der schönen alten Stube, die mit Bildern der Chiemsee-Maler vollgehängt ist. Am Stammtisch draußen dischkurieren die Unentwegten beim Bier. Zum Wochenende will er das Haus schließen, sagt der Wirt. Sein Vorname Tassilo, eine Huldigung an den klosterstiftenden Baiernherzog, weist ihn als geborenen Insulaner aus. Die Speisenkarte liegt nur noch pro forma da, aber eine frische Renke ist noch zu haben. Die Wirtsleute kaufen ihre Fische reihum bei den sieben Fischern auf der Insel. Natürlich haben die Fischereirechte am See früher nur dem Kloster gehört, und die resoluten Äbtissinnen haben am Ausfluß der Alz ein Wehr errichten lassen, damit möglichst wenig Fische abwanderten. Das hat verständlicherweise die Alzfischer sehr er-

bost, und sie haben das Wehr immer wieder zerstört. Heute können die Fischer am See ganz zufrieden sein. Die Fischbestände sind kräftig »aufgeforstet« worden, und die Nachfrage nach Renken, Schratzen (Egli), Zandern, Karpfen ist wieder groß.
Gegen neun verabschieden sich die Stammtischbrüder, einer nach dem anderen. »Guat' Nacht z'samm'!« Das Serviermädchen fängt an, die Stühle auf die Tische zu stellen, ganz sanft; es soll kein Wink mit dem Zaunpfahl sein. Aber der Gast hat seine Renke gegessen, zwei Halbe Bier dazu getrunken und begreift, daß es Zeit ist. Rabenschwarze Finsternis empfängt ihn draußen. Der Himmel scheint bedeckt zu sein. Vom See her kein Wellenschlag. Das trockene Laub raschelt unter den Füßen des späten Heimkehrers. Der tastet sich den kleinen Hügel hinan, auf dem die alten Linden stehen – die älteste soll über 500 Jahre alt sein – und auf der anderen Seite abwärts zum Haus des Bäckers Lanzinger, der ihm ein Zimmer vermietet hat.
Morgens will es gar nicht hell werden. Nebel tropft von den Blättern des großen Walnußbaumes, der im Garten vor der Bäckerei steht. Bleigrau der See, bleigrau der Himmel, bleigrau die ganze Welt. Der See könnte auch das Meer sein, denkt der Gast und schaut verdrossen zum Fenster hinaus. Am liebsten ginge er wieder ins Bett. Doch dann kommt die Lanzingerin mit dem Frühstückstablett und macht ein verheißungsvolles Gesicht: »Es werd glei besser, werden S' schon seh'n!« Die üblichen Sprüche, denkt er und glaubt ihr nicht.
Dabei merkt er es erst, als alles schon im Gange ist: Die Nebelvorhänge, so dicht und undurchdringlich eben noch, beginnen fadenscheinig zu schimmern, das Licht über der Insel changiert ins Milchige hinüber, Löcher reißen auf, füllen sich mit hauchzartem Blau, werden schnell größer. Plötzlich schießen Sonnenstrahlen wie gebündelte Pfeile über den See und tauchen die Insel in eine goldgetönte Farbenpracht. Malven, Rittersporn, Zinnien und Astern leuchten zwischen den Gartenzäunen hindurch, in den Balkonkästen erglühen die Geranien, herbstbunt glänzt das Laub der Linden auf den Wiesen hinter der Kriegerkapelle vom Hias Maier-Erding. In heller Flucht jagen die letzten Nebelfetzen über den See nach Norden.
Auf dem Weg zum Münster Spaziergang über die Insel. So mimen sie im Stadttheater, wenn der Regisseur die Anweisung gibt: Emsiges Dorfleben auf der ganzen Bühne! Beim Schweiberer wuchten sie die Matratzen zum Lüften auf den Balkon, gegenüber gräbt eine Frau ihren Krautgarten um. In der Bootswerft Heistracher wird

eine Jolle abgetakelt und aufgebockt, der Fischermeister Lex lenzt seinen Kahn, die Ferberin topft ihre Geranien um und auf der Wiese vor der Klostermauer recht Schwester Sigberta den allerletzten Heuschnitt zusammen. »A so an scheenen Tag muaß ma ausnützen«, meint sie und »Morgen soll's eh wieda schlecht wer'n, hot da Radio g'sagt.« Offenbar verfügt man auch im Kloster über keine direkteren Beziehungen zum Petrus und seinen himmlischen Wettermachern.

Die Ausgrabungen auf Frauenchiemsee, am Anfang der sechziger Jahre, haben an den Tag gebracht, was man bis dahin nur aus den historischen Quellen hat schließen können: Das Münster steht auf karolingischen Fundamenten, die zwischen 850 und 880 gelegt worden sind! Im rechten Winkel zum Westteil der Kirche hat sich ein zweistöckiger Bau angeschlossen, offensichtlich der Palas einer dem Kloster zugeordneten Königspfalz. Den Abschluß bildete ein lange Zeit rätselhaft gebliebenes Stück Architektur, das Torhaus, das mittlerweile als eines der ältesten Baudenkmäler Bayerns berühmt geworden ist.

Im Winterhalbjahr bleibt das Torhaus geschlossen, und die wunderbaren archaischen Erzengelfresken, denen die Kunsthistoriker einen Spitzenplatz in der karolingischen Malerei zuweisen, können nicht besichtigt werden. Eine andere, ebenso alte Kostbarkeit ist dagegen immer zugänglich: Das Bogentympanon über dem Münsterportal. Seine in Stein gehauenen, geheimnisvoll verschlungenen Motive sprechen so eindringlich wie unverständlich zu uns, wie ein Kind im Traum. Verglichen mit ihnen wirkt die romanische Portalumrahmung mit ihren Löwenköpfen und Dämonenfratzen fast banal, jedenfalls beruhigend diesseitig.

Momentan geht es auch im Münster recht diesseitig zu. Zwei Klosterschwestern, eine schon alt, die andere noch ziemlich jung, putzen die Altäre. Mit Eimer, Scheuerlappen und Wurzelbürste entfalten sie dabei den resolut-lärmenden Eifer professioneller Zugehfrauen. Schließlich stellen sie eine Klappleiter auf den Altartisch und steigen mit einem Staubwedel zu den Stuckornamenten des Barockbaldachins hinauf – ein Manöver, das schon beim Zuschauen schwindlig macht. Da zeigt sich denn, was Gottvertrauen heißt: Wenn sie fallen, dessen werden Klosterfrauen sich gewiß sein, fallen sie in Gottes Hand!

Mit Ängstlichkeit hätten die Nonnen von Frauenchiemsee ihr Kloster auch nicht über die stürmischen Zeitläufte eines Jahrtausends hinweg retten können. Die Portraits der Äbtissinnen im Kreuzgang geben zu der Vermutung Anlaß, daß mit den meisten der Damen nicht gut Kirschen essen gewesen ist. Doch als die Zeit reif war, haben weder Befestigungsanlagen noch ein unbeugsamer Sinn geholfen. Denn der Feind kam nicht als bewaffneter Angreifer, sondern mit einem Stück Papier: Ein kurfürstlicher Beamter aus München verkündete, Anfang des Jahres 1803, dem Konvent des Klosters, er sei aufgelöst!

Daß ausgerechnet in Baiern, wo die Devise »leben und leben lassen« auch ein Teil der christlichen Glaubenswirklichkeit gewesen ist, zumindest im gerade vergangenen 18. Jahrhundert, die Säkularisation so rigoros zugeschlagen hat, bleibt schwer zu begreifen. Ein ehrliches Wiedergutmachungs-Bedürfnis hat denn auch den gar nicht so christlichen König Ludwig I. bewogen, das Kloster neu zu konstituieren und als Starthilfe einen Betrag von 36000 Gulden aus seiner Kabinettskasse locker zu machen. Einzige Bedingung: Dem Kloster war eine Mädchenschule mit Internat anzugliedern! Als Berufsfachschule für Hauswirtschaft und Kinderpflege existiert das Institut heute noch. Die Mädchen, zu deren Internatsausstattung sechs Schürzen, ein einteiliger Badeanzug und das »Gotteslob« gehören, treten auf der Insel kaum in Erscheinung. Nur abends in der Dämmerstunde zwischen fünf und sechs trifft man sie im Gemischtwarenladen vom Holzmayer, wo sie lange überlegen, ob sie ihr Taschengeld im neuesten Heft der »Tina« anlegen sollen oder in ein paar Riegeln Kokosschokolade...

Die spätherbstlichen Nachmittagsstunden gehören, so lange die Sonne noch wärmt, den Gräbern und den Frauen, die sie pflegen. Nie sieht man einen Mann mit Schaufel und Gießkanne auf dem Friedhof. Männlichen Geschlechtes ist allein der Insel-Gast, der langsam durch die Gräberreihen geht und einen alten Bekannten sucht. Und der Münsterturm natürlich, der Campanile, der den Friedhof väterlich behütet, das weithin sichtbare Wahrzeichen von Frauenchiemsee mit seiner herzerwärmend gemütlichen Zwiebelhaube. An der Friedhofsmauer blühen und vergehen die letzten Rosen, vor den Kreuzen stehen Vasen mit Asternsträußen. Wer möchte da nicht begraben sein!
Zwischen die Gräber der eingesessenen Inselfamilien, der Klampfleuthner, Krämmer, Lex und Schweiberer mischen sich andere, die auswärtige Namen und Schicksale verkünden: Max Haushofer, der Maler, der die Insel vor 150 Jahren »entdeckt« und viele Kollegen nach sich gezogen hat; Elisabeth Schmidt-Pauli, die Schriftstellerin, auf ihrem Grabstein als »Sängerin des Heiligen Geistes« gefeiert; Soldaten wie die beiden Enkel Josephs von Eichendorff, deren Schwester Äbtissin des Klosters während des Ersten Weltkriegs gewesen ist; Wissenschaftler und Professoren schließlich wie jener Münchner Mediziner, der vor 35 Jahren dem jungen Studenten R. wahrscheinlich das Leben gerettet hat. Vor seinem Grabstein mit der Inschrift »Erforschliches erforschen, Unerforschliches in Demut verehren« bleibt der Mann lange stehen. Wie gut, daß der alte Herr die Schwelle des Unerforschlichen so hoch angesetzt hat!
Aus dem Münster klingt leise und zuversichtlich der Vespergesang der Klosterfrauen. Nirgendwo, so hat es Ludwig Thoma erfahren, senkt sich der Friede tiefer ins Herz als auf dieser Insel!

»*Russenhaus*« *und* »*Filla*«

Aus dem Malerwinkel zwischen Murnau und Walchensee

Mancher Murnauer schlägt immer noch drei Kreuze, wenn die Rede auf die »Olympiastraße« kommt. Sie hat einst Bayerns Landeshauptstadt mit dem Olympia-Ort Garmisch-Partenkirchen verbunden und sich mitten durch das Zentrum des Marktes Murnau gequält. Der Mensch vergißt ja schnell. Doch es muß ziemlich schlimm gewesen sein damals, zumindest an den Wochenenden, wenn halb München ins Gebirge unterwegs war.

Jetzt schlägt die Autobahn einen weiten Bogen um den Ort, und in Murnau ist es wieder ruhig geworden. Charme und Atmosphäre aus der guten alten Zeit haben sich noch in ansehnlichen Partikeln in die Gegenwart hinüberretten können. Viele Murnauer klagen zwar, dies oder jenes sei »nimmer dös«, was es einst gewesen wäre, womit sie zweifellos recht haben. Aber eine ganze Menge ist ihnen doch geblieben – ein heiles Ortsbild zum Beispiel, das seinesgleichen sucht. Das stellt sich am schönsten in der Nord-Süd-Achse der Marktstraße dar, die zarte Vorahnungen in Richtung Italien weckt, zumal wenn der Föhn den Alpenhimmel blank geputzt hat und die Schneefelder in den Karen des Wettersteingebirges funkeln läßt.

Als gute alte Zeit versteht man in Murnau wie auch anderswo die Jahrzehnte vor 1914. Damals regierten – oder besser: residierten – in München noch die Wittelsbacher, und in Murnau haben sich wohlhabende Bürger ansehnliche Villen in große Grundstücke stellen können. Daß die heute noch stehen, hängt mit der konservativen Grundstruktur der Murnauer zusammen. Die waren nämlich nie so richtig fortschrittlich gesinnt und haben deshalb den Anschluß an die jeweils neue Zeit mehrfach verpaßt.

Von heute aus gesehen ist ihnen das bestens bekommen. Während andere forsch abgerissen, planiert, begradigt und aus dem Boden gestampft haben, sind sie lieber auf die Fortschrittsbremse getreten. Baulöwen und Immobilienhaie haben zwar auch in Murnau zugeschnappt, doch offenbar nicht genügend zu beißen gefunden. So sind sie ins nahe Garmisch-Partenkirchen weitergezogen, wo man ihnen dicke Gipfelbrocken und ganze Straßenzüge zum Fraß vorgeworfen hat.

Ein Versäumnis freilich wurmt die Murnauer sehr. Sie haben nicht aufgepaßt, als ihre berühmte Mitbürgerin Gabriele Münter die Sammlung ihrer eigenen Bilder und derer ihres zeitweiligen Lebensgefährten Wassily Kandinsky der Hauptstadt München vermachen wollte. Mit dieser Sammlung hätte Murnau, wo die beiden Maler entscheidende Jahre ihrer künstlerischen Existenz verbrachten, sich eine Attraktion ersten Ranges sichern können. Dafür haben sie jetzt wenigstens das »Russenhaus«. Das schlichte Landhaus am Ortsrand war 1909 von Gabriele Münter günstig erworben worden. Die Malerin zog von München heraus, und Kandinsky folgte ihr. Eine ungewöhlich fruchtbare Periode im Schaffen des Paares begann und wurde erst durch den Ausbruch des Weltkrieges 1914 beendet, der Kandinsky zur Rückkehr nach Rußland gezwungen hat.

Als Museum ist das »Russenhaus« von bescheidenem Zuschnitt. Ein paar bemalte Möbel, einige Milieu-Fotos, etwa zwei Dutzend Gemälde und Skizzen. Man besäße sie gern. Doch die Meisterwerke hängen nun einmal in München. Immerhin: als atmosphärischer Ort hat das Haus eigene Reize. Man muß die Phantasie nicht sonderlich anstrengen, um sich das Künstlerpaar und seine Freunde – Alexander Jawlensky und Marianne von Werefkin sind oft zu Besuch gekommen – im Habit der Zeit in Haus und Garten vorstellen zu können. Und die Murnauer Bürger dazu. Sicher haben sie das Treiben des Künstlervölkchens über den Gartenzaun hinweg neugierig beobachtet.
Neugierig, aber wohlwollend – auf diese Feststellung legt die lokale Chronik Wert. Wer sich ein Haus kaufte, konnte kein armer Schlucker sein, womit der Haupteinwand des Bürgertums gegen die Boheme hinfällig wäre. Darüber, daß dem Zusammenleben der beiden der Segen der alleinseligmachenden Kirche fehlte, war man dann auch hinwegzusehen bereit. Aus dem nahen München waren schließlich ganz andere Dinge zu hören, die in Künstlerkreisen dort passieren sollten...

Schaut man aus dem Atelierfenster von Kandinsky auf Murnau und seine Kirche, kommt einem manches berühmte Gemälde in den Sinn. Einige Neubauten drängen sich ins Bild. Doch gar so viel hat sich seit damals nicht verändert. Auch die Gleise der Bahnlinie haben schon gelegen. Auf der Südseite freilich ist der kleine Birnbaum mit seinen holzigen Früchten zu stattlicher Größe herangewachsen. Dichtes Laubgrün läßt die Moorlandschaft des Murnauer Mooses mit ihrem melancholischen Reiz sowie die Kette der dahinter sich erhebenden Berge nur ahnen.
Der Staffelsee, der zur Murnauer Moränenlandschft gehört wie das Moos, ist vom Russenhaus nie zu sehen gewesen. Als Moorsee ist er vergleichsweise warm, was die Bader und Surfer freut, die an den Wochenenden die frei zugänglichen Ufer reichlich bevölkern. Doch wenn nichts los ist, bezaubert der See durch seine sanfte Ursprünglichkeit. Sieben Inseln schauen aus dem Seespiegel heraus – einer sagt man literarhistorische Bedeutung nach. In einem frühen Kloster auf der Insel Wörth soll das »Wessobrunner Gebet« entstanden sein, eines der ältesten handschriftlichen Dokumente in deutscher Sprache. Während der Säkularisation anno 1803 ist es im Kloster Wessobrunn gefunden worden.
Motive vom Staffelsee finden sich in vielen Werken der Murnauer Periode von Münter und Kandinsky. In den Frühlings- und Herbstmonaten veranstaltet das örtliche Verkehrsamt geführte Wanderungen auf den Spuren der beiden Maler, bei denen man die eigene Sehweise mit der künstlerischen Realisierung vergleichen kann – ein reizvolles Spiel für Kenner und Liebhaber!
Bei dieser Gelegenheit werden den Teilnehmern auch andere Attraktionen in der Umgebung vorgeführt. So das Freilichtmuseum »Auf der Glentleiten«, das Bau-, Wohn- und Handwerkskultur der oberbayerischen Landschaft in typischen Beispielen vorstellt. Oder das »Bayerische Haupt- und Landesgestüt« in Schwaiganger, das an einem besonders schönen Fleckchen vor den Bergen liegt und schon seit vielen Jahrhunderten besteht. Man muß kein Pferdenarr sein, um sich am Anblick der kraftvollen Kaltblüter wie der edlen Warmblüter erfreuen zu können.
Gleichzeitig mit Gabriele Münter und Kandinsky hat es auch Franz Marc, den einzigen Bayern im Freundeskreis der Künstler, ins Voralpenland gezogen. Im Jahr 1910 siedelte er mit seiner Frau Maria nach Sindelsdorf um, wo Kandinsky ihn wiederholt besucht hat. Die beiden kannten sich schon von München her; zueinandergefunden haben sie erst hier. Damals gingen Künstler, sozusagen auf Dürers Spuren, noch gern zu Fuß. Etwa acht Kilometer Luftlinie

sind es von Murnau nach Sindelsdorf. Querfeldein wird Kandinsky – mit Rucksack für die Malutensilien – mindestens zwei Stunden für die Strecke gebraucht haben. Vielleicht markiert der Verkehrsverein hier einmal einen Wanderweg: »Auf den Spuren des Blauen Reiters«?

Um nicht weniger als den Neuanfang der Malerei in Deutschland nämlich ging es den beiden. Aus der Kunstgeschichte ist bekannt, was sie einander bedeutet haben. Lapidar schreibt Kandinsky über eine Sternstunde der neueren Kunst: »Wir erfanden ihn (den »Blauen Reiter«) am Kaffeetisch in der Gartenlaube in Sindelsdorf. Beide liebten wir blau. Marc liebte Pferde, ich Reiter. So kam der Name von selbst.«

Heute rauscht die Autobahn an Sindelsdorf vorbei. Trotzdem – oder eben deshalb? – ist das Dorf unentdeckt geblieben. Das Marc-Haus steht noch, die Gartenlaube auch. Auf den Wiesen weiden die Kühe, vermutlich direkte Nachkommen derer, die dem Meister haben Modell stehen und sich dann bunt einfärben lassen müssen.

Anfang 1914 bezog Franz Marc ein eigenes Haus in der Nähe, in Ried bei Kochel. Nur ein halbes Jahr war ihm hier zu leben vergönnt. Gleich bei Kriegsausbruch wurde er einberufen; 1916 ist er vor Verdun gefallen. Das Haus in Ried steht noch und wird privat genutzt. Auf dem großen, mit Obstbäumen bestandenen Grundstück sollen Rehe geäst haben – der Maler hat seine bevorzugten Motive nicht lange suchen müssen. Die »Filla«, wie das Haus bei

den Nachbarn genannt wird, weckt auch Erinnerungen an den jungen Paul Klee. Der hat als Schweizer in Ried friedliche Föhnstimmungen malen dürfen, während sein Gastfreund und Mentor Marc für Kaiser und Vaterland ins Feld zog.
Auf der Suche nach der »Filla« gelangen wir an ein Häuschen neben dem Bahndamm, dessen Wände mit Lüftlmalereien nach Marcschen Motiven geschmückt sind. Ein Fenster öffnet sich, eine Frau schaut heraus. Ob dies denn das Marc-Haus sei, fragen wir. »Na«, sagt die Frau und schüttelt erstaunt den Kopf. Aber die Fresken da? »Des is a Hobby von mei'm Mo«, erklärt die Frau stolz und zeigt uns den Weg zum richtigen Haus.
Sieben Jahrzehnte nach dem Tode von Franz Marc hat man jetzt in Kochel einen Weg gefunden, den berühmten Mitbürger zu ehren, der auf dem Friedhof der Gemeinde begraben liegt. In einem Haus der Jahrhundertwende, in dem bis vor einigen Jahren das Goethe-Institut untergebracht war, ist ein Franz-Marc-Museum mit Archiv eingerichtet worden. Auch hier sind die großen Werke des Meisters nicht zu sehen, die inzwischen längst die Museen der Welt vereinnahmt haben und gewiß nicht mehr herausgegeben werden. Immerhin erwarten den Besucher (meist kleinformatige) Ölbilder und Skizzen aus den Jahren 1902 bis 1909, mehrere Plastiken, fast zwei Dutzend Holzschnitte, viele Zeichnungen sowie eine Reihe von Werken aus dem Umkreis des »Blauen Reiter«.
Durch die Eingemeindung von Ried ist Kochel unversehens zu einem Namen gelangt, der Liebhabern der Kunst etwas zu sagen hat; die Gemeinde scheint redlich bemüht, die ihr daraus erwachsenden Verpflichtungen zu erfüllen. Auch Urfeld am Nordende des 200 Meter höheren Walchensees ist jetzt – wie Ried – ein Ortsteil von Kochel. Oberhalb der nach Mittenwald führenden Straße verbirgt sich, tief in grünes Gehölz eingebettet, das Blockhaus, in dem Lovis Corinth zwischen 1918 und 1925 seine großartigen Alterswerke geschaffen hat: Gemälde, Aquarelle, Zeichnungen vom Walchensee und seinen Uferlandschaften sowie die letzten großen Selbstbildnisse. »Der Maler Corinth am Walchensee – eine der glücklichsten Fügungen der deutschen Malerei am Anfang unseres Jahrhunderts, strahlender Höhepunkt und auch schon Endpunkt eines großen Malerlebens«, schreibt sein Biograph Horst Keller.
Das Haus gehört den Erben Corinths und kann nicht besichtigt werden. Auf einem kleinen Spaziergang hinter dem »Fischer am See« können Verehrer des Meisters aber Perspektiven gewinnen, mit denen der Blick vom Balkon sich nachvollziehen läßt, auf dem

Corinth seine berühmten und – wie Sammler wissen – unbezahlbaren Bilder gemalt hat. Dabei war er seit Jahren schon linksseitig gelähmt und hatte Tag für Tag mit dem physischen Verfall zu kämpfen. In Kochel und Urfeld weiß kaum einer etwas mit seinem Namen anzufangen. Nur im Hotel unten liegen einschlägige Broschüren und Ansichtskarten auf.

»Malerwinkel« sind in der Regel landschaftlich wunderschöne, aber künstlerisch übel beleumundete Plätze. Denn die meisten Urheber der dort entstehenden Pinselprodukte sind der Meinung, wenn nur das Motiv bedeutend sei, müsse ihr Werk es auch werden. Um wieviel berechtigter wäre es, die Region zwischen Murnau und Kochel einen Malerwinkel zu nennen! Eine Sammlung der Werke, die hier innerhalb von nur zwei Jahrzehnten entstanden sind, wäre ein Schatz, wie nur wenige deutsche Museen ihn besitzen. Doch vielleicht das Reizvollste an diesem Malerwinkel ist, daß noch jeder ihn selbst entdecken muß.

Prominenz, mal so, mal so

In, um und über Wildbad Kreuth

Der Tag fängt gut an! Drei Polizei-Autos umkreisen in bedrohlich langsamer Fahrt die friedliche Wiese, eines steht mit laufendem Motor vor dem Bad-Wirtshaus, tapfer ignoriert von ein paar Wanderern, die Wurstsalat bestellt haben und sich auf einer Bank vor dem Haus im vor-mittäglichen November-Sonnenschein wärmen. Was soll das Imponiergehabe an diesem idyllischen Ort? Ein Polizist kommt mir entgegen, zu Fuß, den scharfen Schäferhund an der kurzen Leine. Aber das ist kein »Bulle«. An seinem gemütlichen, offenkundig hiesigen Bartgesicht prallen meine Aggressionen wirkungslos ab. »Was wollen S' denn. San halt ein paar Prominente in der Stiftung«, und so sei das eben heutzutage.
Das ist es ja. Was für eine Zeit! Ich nehme den Weg nach Siebenhütten unter die Füße, um der aufdringlichen Polizei-Präsenz zu entkommen. Wer möchte da nicht im vorigen Jahrhundert leben, als hierzulande die vielgerühmte Liberalitas Bavariae Heimatrecht genoß. Ja wie war es denn damals? Zum Beispiel, als die russische Kaiserin Alexandra zur Kur nach Kreuth kommen sollte, das in jener Zeit, anno 1838, noch nicht der Sitz einer politischen Stiftung war, sondern auf dem besten Wege zum »Welt-Bad«: Die Organisationspläne für ein Bündel von Sicherheitsvorkehrungen sind schon Monate im voraus aufgestellt worden. Denn man befürchtete das Schlimmste für das Leben der Zarin, vor allem von seiten ausländischer Elemente – namentlich genannt: Schweizer, Franzosen, Bel-

gier, Engländer! Über diese hatte das Auge des Gesetzes besonders sorgfältig zu wachen. Auch war es unerwünscht, »während dieser Periode von hiesiger Gegend alles überflüssige und vagierende Gesindel sowie bestimmungslose Personen, welche den geringsten Verdacht erregen, möglichst fernzuhalten«. Dabei sollte auf Maler, Künstler, Studenten, Commis-voyageurs und Operateurs ein besonderes Augenmerk gerichtet werden, ob Verkleidung oder dergleichen stattfindet, auch die in Landestracht Vorübergehenden sollten scharf ins Auge gefaßt werden, und sogar die Almhütten der Umgebung waren einer speziellen Beobachtung zu unterziehen...

Bergwanderer, heutzutage einzuordnen wie vor 150 Jahren das »vagierende Gesindel«, müssen wahrscheinlich noch zufrieden sein, wenn die Staatsgewalt davon absieht, ihren Rucksackinhalt zu visitieren; in meinem Fall wären das Schinkensemmeln aus der Metzgerei in Holzkirchen, ein Apfel, Tee, Pullover und Fernglas gewesen. Ein ordentlicher Bürger fährt mit dem Auto vor und trägt ein Aktenköfferchen, um, unvermummt natürlich, der schwarzen Parteiprominenz zu huldigen. Doch ich will mich nicht länger wurmen, der Tag ist viel zu schön. Erst einmal loslaufen also, das Weitere wird sich finden. Was sich nicht ohne weiteres findet, ist der Weg von Siebenhütten zur Wolfsschlucht. Das reißende Wasser hat wieder einmal Weg und Steg weggeschwemmt. Einzig das breite Bett verrät, welche zerstörerischen Kräfte in dem jetzt so dünnen Rinnsal stecken. Verlaufen kann man sich trotzdem nicht. Man geht einfach bachaufwärts bis zum Ende, wo ein paar leuchtende Markierungen den Weiterweg über die Felsen weisen.

Bis hierher hat Alexandra sich damals von ein paar strammen Oberlandlern in der Sänfte tragen lassen. Dann war Schluß, selbst für die Kaiserin von Rußland. Schluß ist heute nur noch für Halbschuhtouristen und Schwindelanfällige. Der Steig entlang der Wolfsschlucht ist harmloser als er ausschaut. Nur in diesen Wochen muß man aufpassen. Dann dringt nämlich kein Sonnenstrahl mehr in die Schlucht ein, und eine dünne, kaum sichtbare Eishaut kann sich über die Felsen legen. Doch nicht heute. »Zu warm für die Jahreszeit«, würde es im Wetterbericht heißen, weil die Meteorologen anscheinend nichts davon wissen, mit welch milden, fast sommerlichen Temperaturen der Spätherbst in den Bergen seine Freunde erfreuen kann.

Auf dem Sattel vor dem Schildenstein stehen Ahorne und Buchen immer noch dicht im feuerfarbenen Laub. Die Sonne malt lustige Muster auf die Blätter, die bereits rostrot unter den Bäumen liegen.

Keine Blume blüht mehr, aber die Luft erfrischt und belebt wie Weißbier vor dem Mittagläuten. Die Wiesen sind struppig braun, es geht sich federleicht auf dem elastischen Boden. Eine gute halbe Stunde noch bis zum Schildenstein. Der Aufstieg, vom Sattel ab auf der Sonnenseite, macht warm.
Ein echter Tegernseer Berg ist das, der Schildenstein, im obersten Teil felsschrofig und scheinbar abweisend, dabei gut zugänglich und mit sanften Almwiesen unterfüttert. Mit 1610 Metern Meereshöhe bleibt er selbst nach hiesigen Maßstäben ein bescheidener Gipfel. Aber den Kreuthern war er hoch genug, um ihn mit einem stolzen Kreuz zu krönen. Das schaut nun weit in die Lande hinaus,

im Norden über den Tegernsee bis in die Münchner Gegend, im Süden über den Achensee auf die Gletscher der Zentralalpen. Tief unten breitet ein auffallend heller Wiesenfleck sich mitten in den dunklen Nadelwäldern aus, und auch ein Stück vom Dach der einstigen Kuranstalt ist zu sehen: Wildbad Kreuth!
Über die Entdeckung der Kreuther Heilquelle berichtet nur eine Allerweltslegende: Ein Jäger habe auf der Verfolgung einer waidwunden Hirschkuh die Wälder zwischen Weißachtal und Blaubergen entdeckt, bis er auf die Quelle stieß, an der das Tier Heilung suchte. Die älteste urkundliche Erwähnung stammt aus dem Jahr 1511, als der Abt Heinrich Kitzner von Tegernsee, der den Brunnen zur Heilung gebrauchte, ein Badehaus neben der Quelle bauen ließ. Im 18. Jahrhundert erneuert, ist es heute ein beliebtes Wirtshaus. Wer die nach draußen führende Tür zwischen Küche und Gaststube aufmacht (was vom Personal nicht geschätzt wird, denn da schaut es weniger proper aus), kann die Quelle aus dem Berghang kommen sehen. Sie riecht nach Schwefel, aber nicht teuflisch, sondern schon mehr nach Gesundheit. Genau genommen enthält sie schwefelsaure Magnesia, schwefelsauren und kohlensauren Kalk sowie Schwefelwasserstoffgas.
Die bewegenden Klagen der Mönche, die von ihren Mutterklöstern in die Alpenwildnisse entsandt worden waren, sind bekannt. Schrecklich haben sie unter Einsamkeit und Unwirtlichkeit, Wolf und Bär, Kälte und Dunkelheit gelitten! Wie in Berchtesgaden, so in Tegernsee. Noch 1701 schreibt ein Tegernseer Mönch über Kreuth als einen »wilden und rauchen Ort«. Etwas Entscheidendes muß sich seit damals verändert haben. Ich sitze, Mitte November immerhin, in Hemdsärmeln gemütlich auf dem Schildenstein und kann den Ort überhaupt nicht wild und rauh finden. Zugegeben, in dieser Jahreszeit kann man hier oben auch frieren, ja einschneien. Ferner brauche ich mich vor Wolf oder Bär nicht zu fürchten. Und seitdem sind die Täler ja auch besiedelt, die Wälder gelichtet worden. Doch wenn ich mir die ganze Zivilisation wegdenke, was aus meiner augenblicklichen Perspektive nicht schwierig ist, und ins Tal hinunter-, zu den Bergen hinüberschaue, kann ich zu keinem anderen Schluß kommen, als daß die Natur es mit dieser Landschaft besonders lieb gemeint hat.
Die Verstaatlichung der geistlichen Territorien in Bayern durch die Säkularisation des Jahres 1803 hat das Kloster Tegernsee unter den Hammer gebracht. Unschätzbare Werte gingen verloren. Sie tauchten auch nicht wieder auf, als König Max I. Joseph die einstige Abtei erwarb, um sie zu seiner Sommerresidenz zu machen, und

Bad Kreuth dazu, um »etwas für die leidende Menschheit« zu tun. Eine Stiftung wird gegründet, komfortable Wohn- und Badehäuser werden errichtet. Und mit einem Mal ist Kreuth ein angesehenes Heilbad, dessen Vorzüge man nicht genug zu rühmen weiß. Deshalb wird es jetzt nicht mehr von bresthaften Bauern aufgesucht, sondern von den Angehörigen der besseren Gesellschaft. Kein Mensch spricht noch davon, daß Kreuth ein wilder und raucher Ort sei. Dabei hat sich nichts geändert, nur die Leute. Weil sie jetzt freiwillig kommen und dafür bezahlen müssen, finden sie es schön. Ein Triumph des Historischen Idealismus: Das Bewußtsein bestimmt das Sein – und nicht umgekehrt, wie die Materialisten meinen!
Der Schildenstein hat, was Bergwanderer von ihren Gipfelzielen erwarten: eine Aufstiegsroute, auf der man ein bißchen kraxeln, und eine Abstiegsroute, auf der man unbeschwert loslaufen kann. Der Abstieg senkt sich zur geschätzten Königsalm hin, auf der im Sommer die Kühe der Kreuther Bauern weiden. Ihnen zur Seite grasen die blondmähnigen Haflinger der Herzöge in Bayern, deren Familie den ganzen Besitz des einstigen Klosters (samt Brauerei, Bräustüberl und Wildbad Kreuth) geerbt hat. Herzog Max, derzeitiger Chef der Familie, ist mit den Seinen an den Chiemsee umgezogen, nachdem der Kurbetrieb 1973 eingestellt worden war. Aber die Haflinger sind dageblieben.
Unterhalb der Königsalm liegt die Gaißalm. Von ihr kam die Ziegenmolke, die im vorigen Jahrhundert täglich in aller Herrgottsfrühe an die Kuranstalt geliefert und dort ausgeschenkt worden ist. Am späteren Vormittag nahm man aus Bergkräutern gepreßte Pflanzensäfte zu sich. Auch Anwendungen mit kaltem Wasser gehörten, noch vor dem Pfarrer Kneipp, zum Kurprogramm. Ebenso werbewirksam aber wie die Heilerfolge wirkten die Nachrichten von hohen und allerhöchsten Persönlichkeiten im Wildbad Kreuth. Ein Ereignis wie der bereits erwähnte Aufenthalt der Kaiserin von Rußland, die mit neun Fahrzeugen, 46 Pferden und 31 dienstbaren Geistern angereist war, konnte nicht ohne Folgen bleiben. Wildbad Kreuth entwickelte sich zum Treffpunkt der eleganten Welt, soweit diese nicht gerade in Biarritz oder Baden-Baden, Gastein oder Karlsbad, Zoppot oder Spa weilte.
Ein Stimmungsbild der Kreuther Gesellschaftsidylle aus der Zeit um 1880 hat uns Karl Stieler hinterlassen, den das Milieu am Tegernsee zu dem gleichen sarkastischen Spott animiert zu haben scheint wie vor ihm Ludwig Steub und nach ihm Ludwig Thoma: In der Frühe trifft man sich im kühlen Molkensaal, »wo eine Reihe von Nippsachen zum Verkaufe aufliegen«. Im Laufe des Vormittags

dann versammeln sich an die hundert Personen im nahe gelegenen Buchenwald, um die Waldeinsamkeit zu genießen oder ein Buch aus der »tugendhaften Bibliothek« des Bades zu lesen.
Nachmittags geht man auf die Königsalpe oder den Hohlenstein, wo sich »eine gezähmte Sennerin« befindet, die auf Fremde ein- und abgerichtet ist. »Wer aber daheim bleibt, bemächtigt sich rechtzeitig der Terrasse, weil man dort den schattigsten Kaffee trinkt und die sämtlichen Wagen im Auge hat, welche des Nachmittags ankommen. Auf diesen Terrassen vegetiert die elegante Welt gleich kostbaren Pflanzen im gesonderten Beete. Hier sitzen die vornehmen Damen, die in Kreuth sich langweilen, und lorgnettieren jene, die sich in Tegernsee langweilen und deshalb nach Kreuth fahren.
Wenn die Saison auf der Höhe steht, im Juli oder August, dann finden sich zahlreiche Russen und Norddeutsche ein; in dem Gartenstuhl, der unter dem Fenster steht, schaukelt sich der Banquier aus Wien, schneeweiß gekleidet mit doppelter Uhrkette und der ›Neuen freien Presse‹. Seine Gemahlin trägt ein goldenes Smaragdbracelet, und das Rauschen ihres seidenen Kleides erscheint

ihr viel melodischer als das von Wald und Quelle. Neben dem eitelsten Weltleben liegt eine Fülle von geistiger Kraft, die es verschmäht, sich geltend zu machen, hinter dem Donnerwetter brillanter Toiletten finden wir immer auch den lichten Sonnenschein der Armuth. Schaut nur die kleine Schwäbin da drüben an, wie die so treuherzig plaudert, wie die sich der grünen Wiesen freut, als ob es gar keine Smaragdbracelets gäbe auf Erden.«
Das alles ist vorbei, passé, wie überall. Am Schluß war Wildbad Kreuth nur noch ein schwacher Abglanz seiner guten Zeiten. 1973 ist der Kurbetrieb eingestellt worden und bald darauf die Partei-Stiftung eingezogen, um hier eine »Stätte internationaler Begegnung« einzurichten. Bekannter geworden ist sie als Podium mit kräftig verstärkendem Resonanzboden, von dem aus Bayerns starker Mann bei passender Gelegenheit Blitz und Donner über die Mainlinie hinweg nach Norden zu schleudern liebt. Daß es dann noch immer bei verbalen Kraftakten geblieben ist, hat wohl auch damit zu tun, daß Wildbad Kreuth als Kernzelle revolutionärer Veränderungen ein denkbar ungeeigneter Ort sein dürfte.
Rückkehr am Nachmittag. Die Tannen im Südwesten zeichnen scharfe Schattenkonturen in das weite Wiesenrund vor dem Flügelbau der einstigen Kuranstalt. Keine Polizei-Autos mehr. Die Parkplätze haben sich geleert, die Prominenz ist abgereist. Ein paar späte Spaziergänger bewegen sich am Waldrand entlang auf Kreuth zu. Es riecht nach frisch geschälten Baumstämmen. Aus dem Kamin der Wirtschaft steigt eine zarte, bläuliche Rauchfahne auf. Die Tür der Kapelle nebenan ist verschlossen. Aber sonntags wird hier noch die Messe gelesen.

Die Heimat der Wittelsbacher

Aichach, Stadt und Land

»Also hier stehe ich auf dem Boden meiner Ahnen!« (Maximilian II., König von Bayern, bei seinem Besuch in Oberwittelsbach im Jahr 1857)

»Wennst dei Wurscht net kalt fressen kannst, na laßt es halt bleibn!« (Alisi Schumacher, Wirt daselbst, etwa 100 Jahre später)

Um Verständnis wird gebeten. Wer die Spannweite einer Landschaft sinnfällig machen will, die Vergangenes, Gegenwärtiges und Ungereimtes in sich vereint, muß zuweilen auch scheinbare Dissonanzen erklingen lassen. Es wird sich aber alles noch aufklären.

Oberwittelsbach also: Ein stilles Dorf nahe der Kreisstadt Aichach, abseits der großen Straße, inmitten von Wiesen und Nadelwäldern. Auf einem Hügel an seinem Rande stand einst die Burg, Stammsitz des Hauses Wittelsbach, dessen spätere Bedeutung noch nicht zu erkennen war. Die Burg wurde 1209 im Zuge der Auseinandersetzungen um die beiden »Gegenkönige« Philipp von Schwaben und Otto von Wittelsbach geschleift; außer ein paar Steinquadern ist nichts mehr von ihr zu sehen. Der größte Teil der Steine ist zum Bau der Stadtmauer von Aichach verwendet worden.

Später baute man eine Kirche auf dem alten Burgplatz und im Jahr 1834 ein neugotisches »Nationaldenkmal«, anläßlich dessen Besuch König Maximilian die eingangs zitierten Worte sprach, die jedem Aichacher Schulkind heute noch geläufig sind.
Der historischen Stätte war es nicht beschieden, ins bayerische oder gar ins deutsche Nationalbewußtsein einzudringen. Burgberg und Dorf Oberwittelsbach blühen weiter im Verborgenen. Und kein Prinz hat sich herbeigelassen, die verschlafene Schönheit wachzuküssen. Nicht einmal Aichach hat von ihr profitieren können, obwohl es gewissermaßen zuständig ist für die Heimat der in aller Welt so geschätzten Wittelsbacher. Wenn man sich vorstellt, was die Schotten daraus gemacht hätten, oder die Amerikaner ...!
Dieses Aichach ist selbst in der nur 60 Kilometer entfernten Landeshauptstadt München kaum bekannt, was aber niemanden in der Stadt zu kränken scheint. Eher schon zucken die Aichacher peinlich getroffen zusammen, wenn die wenigen, denen außerhalb der engeren Umgebung etwas zum Stichwort Aichach einfällt, immer nur das »Zuchthaus« assoziieren, das natürlich längst nicht mehr so, sondern »Strafvollzugsanstalt« genannt wird. Das einzige, was sie wirklich getroffen hat, ist der sture Verwaltungsakt eines rationalisierungswütigen Innenministers, der die Stadt samt ihrem Landkreis dem Regierungsbezirk Schwaben zugeschlagen hat. Das ist mindestens schon zehn Jahre her, liefert aber immer noch bitteren Gesprächsstoff in den Zirkeln der Alteingesessenen.
Die Aichacher wollen nun einmal keine Schwaben sein, da ist seit Menschengedenken die natürliche Stammesgrenze, der Lech, dazwischen. Ungeachtet gewisser, nicht zu überhörender Sch-Laute in ihrer Umgangssprache fühlen sie sich unverändert als Alt-, also Oberbayern, wofür sie jederzeit Oberwittelsbach, den Stammsitz ihres 800 Jahre alten Fürstenhauses, als Zeugen anführen können. Mit gut 8000 Einwohnern – die eingemeindeten Dörfer bringen noch ein paar tausend dazu – gehört Aichach zu den kleinsten Kreisstädten im Lande. Auch dieser bescheidene Status hat Tradition. Zwar ist der Ort bereits um 1240 als Sitz eines Landgerichtes aktenkundig geworden. Doch in den folgenden Jahrhunderten haben die welthistorischen Ereignisse einen weiten Bogen um die Stadt gemacht – bis zum Dreißigjährigen Krieg, in dessen Verlauf Aichach mehrfach gebrandschatzt worden ist. Sehr schlimm kann es nicht gewesen sein. Schon anno 1650 meldet die Stadtchronik wieder zwölf Brauereien und 19 Gastwirtschaften in Betrieb.
Aichach hat keine Sehenswürdigkeiten, aber mancherlei Sehenswertes: Den Stadtplatz mit dem Renaissance-Rathaus, den Oberen

Turm, der Untere Turm, durch deren Torbögen der Verkehr sich zwängt, die schönen Giebelhäuser beiderseits der Spitalkirche, Teile der alten Stadtmauer, der folgend man den historischen Stadtkern umwandern kann. Einen Vergleich mit Nördlingen, mit Donauwörth hält das nicht aus. Doch nachdem auch die Aichacher in den vergangenen Jahren den Zug der Zeit bestiegen, den Verkehr beruhigt, den Platz gepflastert, die Fassaden geputzt und freundlich bemalt haben, kann man nur staunen, wie wohnlich, adrett, ja fast charmant der zuvor so unauffällige Stadtplatz sich jetzt darstellt. Und das führende Café am Ort firmiert neuerdings als Confiserie.

Ein touristischer Aufschwung läßt sich damit nicht in Gang bringen; aber der ist auch nicht beabsichtigt. Von Illusionen, Visionen halten die vorwiegend nüchtern gestimmten Aichacher wenig. (Gibt es vielleicht deshalb schon so lange kein Kino mehr in der Stadt?) Außerdem sind sie – man kann es nur so nennen – zu bescheiden, um zu meinen, ihre Stadt habe etwas, das die Leute von außerhalb anziehen könnte. Die beiden einzigen Gasthäuser im Ort aber, der »Bauerntanz« und der »Specht«, füllen ihre Betten anscheinend zur Genüge mit durchreisenden Vertretern. Für die junge Reporterin der »Aichacher Zeitung« (Auflage 8000), die von ihrem Redakteur beauftragt worden war, echte Touristen ausfindig zu machen, mag das keine leichte Bewährungsprobe gewesen sein. Aber eines Tages waren tatsächlich die Konterfeis einiger Personen in der Zeitung abgedruckt, die allein aus dem Grund nach Aichach gekommen waren, um hier ein wenig zu bleiben, sich umzusehen, ein wenig zu wandern! Man kann nicht sagen, daß diese Veröffentlichung den Beginn eines neuen Zeitalters in der Stadt signalisiert hätte. Aber zu denken wird sie manchem alten Aichacher doch gegeben haben: Daß so etwas überhaupt möglich ist?

Wie die Stadt, so das Land: Unauffällig, ohne besondere Kennzeichen sozusagen, jedenfalls so lange man nicht genauer hinschaut. Es gibt nichts, weshalb man unwillkürlich den Atem anhalten würde, stünde man plötzlich davor – keine steilen Felsen, keine tiefen Schluchten, keinen majestätischen Strom... Ausgewogen, könnte man sagen, wäre nicht dieses Wort so fatal mißbraucht worden in einem anderen Zusammenhang.

Aus den Ebenen der Wiesen und Äcker erheben sich sanfte Hügelkuppen, viel Wald ist dazwischen, und in den Wäldern das Wild: Rehe, Füchse, Hasen, die Fasanen in den Feldern nicht zu vergessen.

Wasser gibt es reichlich. Aber es sind nur schmale Bächlein, die durch die Wiesengründe fließen und sich früher oder später in die Paar ergießen, ein bescheidenes Flüßchen, wer hat je schon von ihm gehört? Die Paar wird später in die Donau münden, doch im bekannten Kindervers der Nebenflüsse hat sie keinen Platz mehr gefunden. Gleichmäßig über das Land verteilt, in Abständen von zwei, drei, vier Kilometern die Dörfer, Ansammlungen von roten Dächern rund um den Kirchturm, ein Wirtshaus, ein Maibaum, ein paar Taubenhäuser, eine Landmaschinenschlosserei mit Kfz-Werkstatt, eine Bushaltestelle, viele Bauerngärten, Misthaufen, Fernsehantennen. Die Menschen freundlich-zurückhaltend, langsam reagierend, beharrend und zuverlässig.

Das ist keine romantische und doch eine sehr deutsche Landschaft. Keine Kulisse für Drachentöter oder verzauberte Prinzessinnen, aber die »Kluge Else« und der »Daumesdick« könnten hier zuhause gewesen sein, und der »Hans im Glück« hat vielleicht auf dem Weg von Aichach nach Altomünster seine gewinnbringenden Tauschgeschäfte gemacht.

Uraltes Kulturland ist das. Viele Jahrhunderte lang haben Bauern hier Wälder gerodet, haben geackert und geschafft, Getreide, Kartoffeln, Futter angebaut (neuerdings auch Raps und Mais), das Vieh auf die Weide geschickt, Schweine gemästet, Bienen gezüchtet. Jahrhunderte hindurch haben sie gesät und geerntet, um Sonne und Regen gebetet, Hagel und Blitz gefürchtet und, seit es Versicherungen gibt, die baufällige Scheune abbrennen lassen.
Die Bauern im Aichacher Land haben es nie besonders gut, auch nie besonders schlecht gehabt. Nun ist es so weit, daß die jungen Leute nach -zig Generationen ihren Beruf aufgeben müssen, weil der Hof sie nicht mehr ernähren kann – wie überall in Europa. Das muß keine Tragödie sein; ins Elend fällt keiner, der sich nicht fallen läßt. Aber traurig ist es schon. Noch weiß niemand, wie es in fünfzig Jahren einmal hier aussehen wird. Golfplätze vielleicht. Das Gelände würde sich gut eignen, den Golfern würde es gefallen. Aber noch habe ich Schwierigkeiten, mir das Aichacher Bauernland als ein Environment von geschniegelten Golfplätzen vorzustellen. Das kommt mir vor, als dürfte ich fortan nur noch Keks knabbern und nie mehr in herzhaftes Bauernbrot beißen...
Mit ein bißchen Geschichte im Kopf weiß man, daß die Ritter vom Deutschen Orden im »Heiligen Land« gekämpft und gewirkt haben, später in Ostpreußen und im Baltikum. Daß sie auch in und um Aichach Besitzrechte hatten, ist weniger bekannt. Jedenfalls verdanken wir ihnen das bezaubernd gelegene Sommer- und Jagdschloß Blumenthal, eine Vierflügelanlage mit Innenhof, Kirche, Schutzmauer, Tortürmen und Wassergraben, die von ihrem derzeitigen Besitzer, der Fugger-Stiftung, leider wenig liebevoll behandelt wird. Doch wer an einem warmen Sommerabend im Biergarten des Innenhofes von Blumenthal sitzt, wird bald milden Sinnes und verliert die Lust, den reichen Leuten am Zeuge zu flikken.
Philipp Jakob von Kaltenthal, Komtur des Ordens im 17. Jahrhundert, ist Bauherr des interessantesten Architekturwerkes im Aichacher Land gewesen: der Wallfahrtskirche Maria Birnbaum, ein Rundbau nach römischen Vorbildern – das Pantheon wird genannt – ist 1668 geweiht worden, galt damals als eigenwillige Sensation und ist noch heute ein Unikum der bayerischen Kunstgeschichte, wenn auch ein außerordentlich gelungenes. An Bedeutung kommt ihm nur die Kirche des Birgittinnenklosters in Altomünster gleich. Im letzten Werk des großen Rokokoarchitekten Johann Michael Fischer ist der derbe Einschlag ländlicher Handwerksmeister im kunstvollen Spätbarock nicht zu übersehen. Dritter Sakralbau im

Bunde ist Sankt Leonhard in Inchenhofen, als Kirche unbedeutend, aber Treffpunkt der größten Leonhardi-Wallfahrten im mittelalterlichen Deutschland.
Farbenfrohes, lautstarkes Brauchtum nach Bajuwarenart hat nördlich von München nie recht Fuß fassen können. Doch Bauerntheater wird im Aichacher Land ebenso temperamentvoll und komisch gespielt wie in Schliersee oder Kiefersfelden. Die Freilichtaufführungen des »Hans von Schiltberg«, eines der nicht umzubringenden Kreuzritterstücke, dargeboten am Ort der Handlung, sind ein echter Geheimtip, von dem man schon in München nichts mehr weiß. Während die Mitspieler aus der Umgebung ehrgeizig und ganz bei der Sache sind, macht die Besetzung der zahlreichen Pferderollen Schwierigkeiten. Und dann gibt es noch den berüchtigten Hohenzeller Wald, in dem der noch berüchtigtere Mathias Kneißl, Räuber und Volksheld der Jahrhundertwende, vielleicht zwei Gendarmen erschossen hat. Nichts also vom Duft der großen weiten Welt! Das Aichacher Land läßt seine knorrigen Reize im Verborgenen blühen, und das ist gut so. Ein Linderhof, ein Königssee, und es hätte sein Gesicht schon längst verloren!
Vom eingangs zitierten Schumacher Alisi aber können wir vielleicht lernen, daß wir uns nicht so wichtig nehmen sollten als Gäste und Besucher dieser Landschaft. Die Aichacher tun's ja auch nicht!

Als der Schnee noch ein Leichentuch war

Winter-Gedanken auf dem Krottenkopf

Die Bergspitze, auf der ich stehe, ist nicht sehr hoch. 2086 Meter über dem Meeresspiegel, das ist bayerisches Mittelmaß, aber im Weltmaßstab eher bescheiden. Trotzdem fühle ich mich auf meinem Gipfel sehr einsam und ausgesetzt. Ich spüre leichtes Herzklopfen und ein Ziehen in der Magengegend, wie ein Kind, das etwas Verbotenes getan hat. Und so ist es auch. Als braver Alpinist dürfte ich hier gar nicht stehen. Denen wird ja schon von klein auf eingeimpft, daß man im Winter nicht allein auf einen Berg steigt und daß man, wenn denn schon, auf keinen Fall zu lange dort oben verweilen, sondern rechtzeitig vor Anbruch der Dunkelheit wieder absteigen soll. Heimwärts oder wenigstens dahin, wo man ein schützendes Dach über dem Kopf findet.
Gegen beide Grundregeln habe ich, offensichtlich, in eklatanter Weise verstoßen, und ich weiß es wohl. Es ist Hochwinter, Mitte Januar, und allmählich beginnt es zu dämmern. Doch um nichts in der Welt möchte ich meinen augenblicklichen Standpunkt mit einem anderen vertauschen.
Mein Gipfel, es ist der gute alte, harmlose Krottenkopf im Estergebirge, steigt nicht aus der Wildnis zu seiner schlichten Höhe auf. Er steht im Herzen der oberbayerischen Berge, im Werdenfelser Land. Garmisch-Partenkirchen ist nur zehn Kilometer Luftlinie entfernt, nicht gerade ein stiller Platz mit seinen 30000 Einwohnern

und dazu den Urlaubsgästen im Ausnahmezustand. Im Norden dehnt sich das Voralpenland mit zahllosen Dörfern, mit Märkten und Kleinstädten hin bis zur Millionen-Metropole München, deren Türme und Lichter heute nicht, an klaren Tagen aber durchaus zu erkennen sind.

Der Winter in den Bergen verändert alles. Jetzt, in der sanften Dämmerung, fällt mir ein, daß man die Schneedecke in metaphernfreudigeren, aber wintersportlosen Zeiten als Leichentuch zu bezeichnen pflegte, das alles Lebendige unter sich bedeckt. Es macht mir keine Schwierigkeiten, diese Vorstellung zu übernehmen in meiner exponierten Situation. Der Vergleich mit dem Leichentuch muß Menschen eingefallen sein, die sich den winterlichen Naturgewalten wehrlos ausgeliefert fühlten, die Angst vor der Kälte und vor dem Schnee, nicht genug zu essen und zu heizen gehabt haben. »Der Winter ist ein rechter Mann, kernfest und auf die Dauer« – dieses Gedicht konnte nur einem einfallen, der schon die Segnungen der Zivilisation genoß und mindestens einen warmen Kachelofen sein eigen nannte.

Der Winter in den Bergen ist ein erbarmungsloser Tyrann gewesen. Er nahm den Menschen in den Bergtälern das Wenige, das sie im Sommer hatten ernten und sich zurücklegen können, er zwang sie zu hungern und zu frieren und versetzte sie durch seine Lawinen, die nicht selten ganze Dörfer, öfter noch die Zugänge zur Außenwelt verschütteten, in Todesängste.

Und trotzdem haben sie überlebt, seit Jahrtausenden. Man muß sich das einmal vorstellen, wie sie sich, buchstäblich mit Händen und Füßen, in die kargen Talböden verkrallt haben, wie sie die Wälder, mit denen die Alpentäler vollständig bedeckt waren, gerodet haben, damit das Heu für ihre Rinder über den Winter hinweg ausreichte, damit sie ihre Gerste, ihren Buchweizen, ihren Mais anbauen konnten. Dabei sehen wir die Alpenbewohner fast immer nur im Sommer. Wie sie im Winter, der in vielen Regionen ja sechs, sieben Monate wahrlich »geherrscht« hat, existiert und überlebt haben, das können wir nur ganz unzureichend ahnen.

Ob sie wohl jemals den Winter »schön« gefunden haben? So, wie wir einen frostklaren, blankgeputzten Januartag, beispielsweise, genießen? Ob es ihnen, wie uns, gefallen hat, wenn die Wände, Flanken und Grate ihrer Hausberge sich morgens frisch verschneit zeigten, als hätte Petrus mit der Riesenpuderzuckerdose hantiert? Ich meine, ja. Gelegentlich schon. Das heißt nicht, daß ich hier eine falsche Blut-und-Boden-Romantik einschmuggeln will. Aber wir wissen ja, daß die Menschen, gerade wenn es ihnen schlecht geht, einen Ausgleich brauchen, sich ihn also auch verschaffen. Das Gefühl für Schönheit ist keine Entdeckung unserer Zeit. Gewiß haben die Bergbauern in der Natur vor allem die feindliche Macht gesehen. Doch das kann kein Grund gewesen sein, sich nicht darüber zu freuen, wenn diese sich einmal von ihrer gnädigen Seite zeigt, ohne Tod und Terror durch Lawinen, Schneesturm oder Überschwemmungen.

Es ist fast dunkel geworden, Zeit also, daß ich meinen Trick verrate. Denn ich bin weniger leichtsinnig, als ich mich vorhin gegeben habe. Unterhalb meines Standortes kann ich im Schutz des Gipfelhanges gerade noch die Alpenvereinshütte erkennen, an der ich meine Ski zurückgelassen habe. Gestützt auf einen Skistock steige

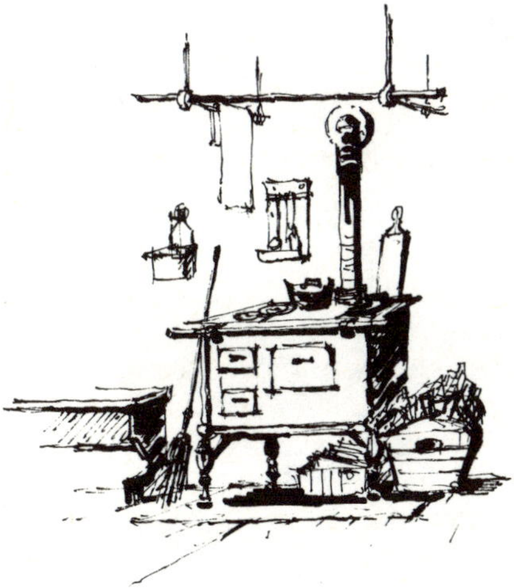

ich in der Aufstiegsspur ab. Nach einer Viertelstunde stehe ich vor der Tür. Sie ist verschlossen, die Hütte wird im Winter nicht bewirtschaftet. Aber ich habe den Schlüssel in der Tasche und weiß, daß ich die kommende Nacht mit einem Dach über dem Kopf verbringen kann. Eine Lampe ist da, ein Herd und Feuerholz. Und ein Lager, auf dem ich meinen Schlafsack ausbreiten werde. Es gibt weniger komfortable Winterquartiere in den Bergen.

Ich mache Feuer im Herd und rühre eine Suppe an. Tee in der Dose, den ich selber aufbrühen kann, habe ich mitgebracht; beim Tee bin ich heikel. Das Feuer erwärmt den Raum ausreichend. Während ich ganz zufrieden speise, wandern meine Gedanken weiter durchs Gebirge. Ich frage mich: Wer wäre wohl vor dreihun-

dert Jahren aus freien Stücken mitten im Winter auf einen Berg gestiegen, nur um von oben hinunterzuschauen? Den hätte man für einen Besessenen gehalten, auf dem Weg zum Stelldichein mit dem Teufel. Vor hundert Jahren hat es immerhin schon einige »Spinner« gegeben, die sich von den gerade neu auftauchenden merkwürdigen Holzlatten herausgefordert fühlen, das Wagnis einer Bergbesteigung im Schnee zu riskieren. Aber von den Dorfbewohnern, denen sie begegneten, haben viele noch ein Kreuz geschlagen.
Und heute? In meiner Hütte bin ich ganz allein. Aber nur, weil ich das gewollt und mir so eingerichtet habe. Ich brauche mich im Geiste nur ein paar Kilometer gen Süden hinwegzuheben – und schon fühle ich mich hier wie auf einem anderen Stern.

Da ist also Garmisch-Partenkirchen, gleich um die Ecke sozusagen, »Deutschlands Wintersport-Metropole«, mit seinem Riesenrummel von Sportanlagen, Bergbahnen und Vergnügungsstätten. Allein die Zugspitze wird von drei Seilbahnen und einer Zahnradbahn berannt. Und auf dem Schneeferner oben lassen sich täglich Tausende mit den Liften die Hänge hinaufziehen, um dieselben Hänge sofort wieder hinunterzurutschen, auf und ab, auf und ab... Abends können diese Wintersportler, wenn sie nicht zu müde sind, dann wählen zwischen dem Nachtspringen auf einer der Olympiaschanzen, einer Ice-Show oder einem Eishockeyspiel mit Prügelei, dem Bauerntheater, einem Gourmet-Menü mit Lachs und Gänseleber, einem Gala-Empfang im Kurhaus, Abendkleidung erwünscht. Über vorzeitige Abreise oder außerplanmäßige Verlängerung des Aufenthaltes entscheidet möglicherweise der abschließende Besuch im Spielcasino. Zehn Kilometer Luftlinie von meiner Hütte...

Garmisch-Partenkirchen ist kein Sonderfall. Andere Bilder schieben sich in meinen Gesichtskreis: Kitzbühel, wo am kommenden Samstag wieder Zehntausende dabeisein wollen, wenn rasende Skipiloten am Hahnenkamm Kopf und Kragen riskieren; der Massenauftrieb der Loipenläufer beim König-Ludwig-Lauf im ebenfalls nahen Oberammergau, die Drachenflieger vom Tegelberg und vom Brauneck, die Pistenstiere aus dem Landkreis Rosenheim, die sich in den reizbaren Liftschlangen am Spitzing und auf dem Sudelfeld drängen und stoßen; die Rodler und Bobfahrer im Eiskanal am Königssee, die Helicopter-Landeplätze im Wallis und in der Silvretta, die Gruppe mit ihrem Skilehrer unter der Lawine am Arlberg, die Pelzmodenschauen in Cortina und Rottach-Egern, die Steilwand- und die Surfbrettfahrer, die Mietskasernen in den französischen Retortenstationen und die endlosen Autokolonnen, die sich an den Wochenenden durch die verstopften Täler und Dörfer quälen, die Bikini-Mädchen und die ölstinkenden Pistenraupen in den Gletscherskigebieten, die Eisbar von Lucky in Gstaad, das »Marmite« vom Mathis auf der Corviglia und die Kassettenrecorder auf dem Mer de glace – das alles und noch viel mehr gehört heute zu unserer winterlichen Bergwelt, in der Eis, Schnee und Kälte die Fundamente des allgemeinen Freizeit- und Ferienvergnügens bilden. Wer mag da noch von einem »Leichentuch« sprechen?

Vor hundert Jahren ist der weiße Rausch über die Alpen gekommen. Mehr noch als der Sommertourismus hat er das einzigartige, unvergleichlich schöne Gebirge im Herzen Europas verändert, selten zu dessen Vorteil. Die Nachteile treten erst in Erscheinung, wenn der Rausch verflogen, der Schnee geschmolzen ist – im Sommer. Doch er hat auch dafür gesorgt, daß die Menschen, wenn sie wollten, in ihren Bergtälern bleiben konnten. Er hat aus armen Bauern reiche Immobilienbesitzer gemacht und aus elenden Dörfern städtische Siedlungen. Ob er deren Bewohner auch glücklicher gemacht hat, ist eine Frage, die offenbleiben muß.

Der Druck der Zigmillionen, die Jahr um Jahr aus allen Himmelsrichtungen in die Berge drängen, ist nicht aufzuhalten. Es hat auch niemand das Recht, die Menschen, die hinein wollen, auszusperren. Die Alpen werden weiterhin mit dem Massen- und Naherholungstourismus leben und vielleicht mit ihm verderben müssen auf ihre Weise. Ein schlimmer Anfang ist schon gemacht mit den Katastrophen des Sommers 1987 im Veltlin, im Ötztal, im Stubaital. Die bayerischen Berge sind noch verschont gelieben – kein Grund für bayerische Politiker, sich, wie geschehen, selbstgerecht aufzuplustern. Wenn unsere Bergwälder, möglicherweise, jetzt etwas langsamer zu sterben beginnen, ist das gewiß nicht ihr Verdienst.

Aber man soll die Hoffnung nie aufgeben. Vielleicht läßt sich vielen einzelnen unter den Millionen doch noch die Einsicht nahebringen, daß auch sie für den Zustand ihrer Erholungsräume, um nur den niedrigsten Erwartungshorizont zu skizzieren, verantwortlich sind. Und daß doch, bittschön, auch für die kommenden Generationen noch ein wenig Natur übrigbleiben sollte!

Das Feuer im Herd flackert schwächer. Aber es macht ein gutes Gefühl. Der Schlaf überkommt mich, während ich in die verglimmende Glut schaue. Am nächsten Morgen liegt Reif auf meinem Schlafsack. Vor der Hüttentür blendet die Sonne meine Augen, daß sie schmerzen. Die angekündigte Schlechtwetterfront ist ausgeblieben; ein kräftiger Januar-Föhn hat sie über Nacht weggeblasen, und ich habe nichts gehört. Im Talkessel von Garmisch-Partenkirchen hängt schwer eine Nebeldecke, drückt auf den Ort und will nicht weichen. Ihre Ausläufer ziehen sich durch das Loisachtal über Oberau bis nach Eschenlohe hinaus. Ein Zug fährt spielzeugklein in Richtung auf Murnau. Vielleicht wird doch noch alles gut.

Kleines Schneeparadies, nicht für Skifahrer

Krün mit Klais

Am liebsten komme ich mit der Bahn. Die Station an der ich aussteigen muß, heißt Klais. Sie hält den einzigen Rekord in meinem Paradies: Deutschlands höchstgelegene Schnellzug-Station (952m ü.d.M.), an der Bahnlinie München–Garmisch-Partenkirchen–Innsbruck. Der Bahnhof Klais: ein sauber geweißeltes Stationshäuschen mit Giebeldach unter hoher Schneelast, ein Stationsvorsteherraum, in dem auch Fahrkarten verkauft werden; zwei rote Stationsvorstehermützen hängen griffbereit neben der Tür zum Bahnkörper. Ferner einige Reklameschilder im Villiger-Stumpen-Look, drei Gleise, zwischen denen der Schnee auch zur Hauptverkehrszeit weiß bleibt, drei Hauptsignale und eine Bahnschranke im

Vorfeld, eine Verladerampe und ein Häusl mit zwei Türen, aus denen es bahnspezifisch duftet. Ein braun gestrichener Holzzaun soll den Bahnsteig vor unbefugtem Zutritt schützen. Aber das Türchen steht immer offen, und ich glaube kaum, daß Bahnsteigkarten jemals hier verkauft worden sind. Das Ganze eingebettet zwischen zwei sanfte, locker bewaldete Höhenzüge, und dahinter die puderzuckrig verschneiten Karwendelberge, eine prachtvolle Kulisse für Winterfilmszenen in Weiß, Blau und Gold. Klais: Ein (erstaunlicherweise noch voll lebensfähiger) Bahnhof für Liebhaber, den ich mir gern in den Garten stellen würde, meinen Kindern und mir zur Freude!

Die Verbindung nach Krün, 3 km, besorgt das Postauto. Für individuellen Bedarf bietet sich das örtliche Mietwagenunternehmen an, dessen Gründer schon uns Kinder in den dreißiger Jahren, schnauz- und gamsbärtig, im offenen moosgrünen Achtsitzer gefahren hat. Die Erben gehen mit der Zeit, schleppen im Sommer ihre Kundschaft reihum nach Salzburg, Linderhof und Venedig. Schön ist es auch anderswo, und hier bin ich sowieso. Doch ich will von Krün im Winter berichten.

So etwa würde es im Baedeker, als der noch seriös war, gestanden haben: Krün (875 m), 1700 Einwohner, 1800 winterfeste Fremdenbetten, 300 Kühe, 20 Pferde, wurde bereits 1295 unter dem Namen Geruona erwähnt. Das Dorf, in dem bis 1920 die Isarflöße zur weiten Reise donauabwärts zusammengestellt wurden, liegt in reizvoller Landschaft am Rande eines weiten, sonnigen Hochplateaus, das von Ester-, Soiern-, Karwendel- und Wettersteingebirge umschlossen wird, sowie verkehrsgünstig an der Einmündung der B 11 (München–Kochel–Mittenwald) in die B 2 (München–Garmisch-Partenkirchen–Mittenwald). Der Ausbau der Verbindung durch das obere Isartal in Richtung Fall–Sylvensteinspeicher als Deutsche Alpenstraße war geplant, ist aber bis auf weiteres zurückgestellt worden. (O-Ton Rübesamen: Hoffentlich bis zum St. Nimmerleins-Tag!)

Zur Gemeinde Krün gehören die Ortsteile Barmsee, Klais, Gerold, Kranzbach, Elmau. Der freundliche Herr vom Fremdenverkehrsamt, dem meine Absicht, Krün zu rühmen, durchaus einleuchtete, hätte meine erklärte Liebe zu diesem Ort gern an den Gemeindegrenzen erlöschen sehen. Doch so eng läßt sich ein Paradies nicht fassen. Von Wallgau, dem Nachbardorf im Norden, wo es so viele Neuners gibt wie Kriners in Krün, ist zumindest die »Post« zu erwähnen, in der auch die Krüner sich freudig einfinden, wenn sie sich kulinarisch etwas mehr verwöhnen lassen wollen, als ihre eigene Gastronomie ihnen zuzubilligen bereit ist. Und der Kreppelschrofen, Wallgaus Hausberg, soll hier wenigstens namentlich genannt werden. Zum anderen kann ich die prominenteren Nachbarn Mittenwald und Garmisch-Partenkirchen erst recht nicht ignorieren. Liefern sie doch für das idyllische Bildnis Krüns den repräsentativen Hintergrund, die hohen Berge zum Beispiel, die von hier aus zu sehen sind, und manches andere mehr, wovon noch die Rede sein wird.

Wie beschreibt man ein Paradies, ohne zu übertreiben? Schon Dante hatte Schwierigkeiten damit, Hölle und Fegfeuer gingen ihm leichter von der Hand. Immerhin gibt es von einem Winterparadies weithin übereinstimmende Vorstellungen. An ihnen gemessen, kann Krün sich sehen lassen: Ein geschlossenes Dorf, wie Stadtmenschen und Preußen es lieben, um die bescheidene Zwiebelturmkirche herumgebaut, mit dem alten Friedhof und einer Gedenktafel für die Kriegsgefallenen; Wirtshäuser, Gästehäuser, Bauernhöfe mit umlaufenden Balkons und teils munter, teils fromm bemaltem Mauerwerk. (Die prächtigeren Vorbilder können im nahen Mittenwald bewundert werden.)

Vom Ortsplatz ist leider ein Sündenfall zu melden: Man hat ihn »verkehrsgerecht« gestaltet, mit viel Asphalt, Kunststein und allerlei städtischem Schnickschnack, wie man ihn sich vielleicht in der Neuhauser Straße abgeschaut hat, und das Ergebnis sieht ziemlich scheußlich aus. Im Sommer. Im Winter, wenn Schnee das mißlungene Werk bedeckt, geht's gerade noch. Ringsum die Geschäfte, vollgestopft mit Fotoartikeln, Dosenkaffee, Orangen, Trachtenstrümpfen, Wurstwaren und Zeitungen; auch Kitsch und Kunstgewerbliches sind reichlich vertreten. Schmale Seitenstraßen, von Schneewällen eingesäumt, ziehen sich zum Bärnbichl hinauf, zur Isar hinunter. Da wird es gleich friedlich und still, und eine würzige Duftmischung aus Holzfeuerrauch, Kuhstall, Sonnenöl und Bratensauce ruft frühe Kindheitserinnerungen wach: So hat es hier schon vor fünfzig Jahren gerochen. Nur ein Ingredienz ist verlorengegangen: das frisch aufgebügelte Gleit- und Steigwachs! In der Gemeindeverwaltung hängen Heiratsaufgebote und Mitteilungen über die Bullenkörung neben Plakaten, in denen Lichtbildervorträge und Ausflugsfahrten zur Zugspitze angepriesen werden.

Das Ganze eingebettet in eine sanfte und maßvoll domestizierte Landschaft. Die mächtigen Kalkmassive von Karwendel und Wetterstein, unübersehbar, allgegenwärtig, dienen nur als willkommene Kulisse; es ist nicht üblich, sich in die Wände und Klüfte von Vierer, Dreitorspitze und Hochwanner zu wagen, schon gar nicht

zur Winterszeit. Dafür gibt es viele Kilometer Loipen und geräumte Spazierwege, ins Isartal hinein nach Vorderriß oder über die Barmseewiesen nach Gerold, Talwege, Höhenwege, Waldwege, mit aufmerksamen Wegweisern, wenn die Spuren sich teilen oder kreuzen, und schneefreien Bänken. Die Leute in den Loipen bewegen sich langsam; Krüner und Wallgauer Urlaubsgäste tun sich ein wenig schwer mit Diagonal- und Doppelstockschritt oder gar Skating. Sportliche Wintersportler haben andere Ziele als die Dörfer im oberen Isartal. Auch Schlittenpartien werden veranstaltet und Führungen zur Wildfütterung in die Tiefe der verschneiten Wälder.

So gerät man, das Verkehrsamt verzeihe mir's, leicht über die Gemeindegrenzen hinaus. Wer mag schon umkehren, wenn er über die Hochstraße wandert, durch die schneeglitzernden Buckelwiesen, immer rüstig auf die drei Arnspitzen zu. Schon rückt der Kranzberg zum Greifen nahe, das Gebirgsjäger-Ehrenmal am Brenten, immer steiler steigt die Karwendelkette empor, und schon senkt sich der Weg; Mittenwald liegt unten im Tal, zwei Stunden sind es gewesen, nicht mehr. Dabei ständig der schönste Blick in die weite Runde, zur Wettersteinwand, zur Alpspitze und natürlich zur Zugspitze, der man von hier aus nicht ansieht, wie kaputt sie ist. Auch der Wank macht sich mausig, ein bewaldeter Wasserkopf mit schütterer Schädeldecke. Ich mag ihn nicht. Sie haben ihm übel mitgespielt, die Bergbahnbauer, Schneisenschläger, Pistenplanierer, und es ist doch nichts Gescheites aus ihm geworden. Man hätte es vorher wissen können!

Oder wie wäre es mit einem Waldspaziergang? Von Klais am Forsthaus vorbei ins Kranzbachtal hinein zum Schloß Kranzbach, einer gern fotografierten, phantastisch deplacierten Zinnenburg im neuschottischen Stil; frühes 20. Jahrhundert. Weiter taleinwärts begegnen dem staunenden Waldwanderer, erst einzelne, dann mehr und mehr verblüffende Gestalten – oh nein, keine Wilddiebe, auch keine Wurzelmännchen! Richtig vornehme Herrschaften sind das, man sieht es an ihren Pelzen: Persianer werden da schon lange nicht mehr ausgeführt. Eine weite Lichtung öffnet sich, und im schönsten Wiesengrund grüßt Schloß Elmau, jene Gründung des Pastors Johannes Müller, der seine Philosophei auf die deutsche Weise so einträglich mit sinniger und (be)sinnlicher Gastlichkeit zu verbinden wußte.

Das ist nichts für unsereinen. Wir tauchen lieber wieder ein in den Wald, müssen uns vorher aber entscheiden: links herum den Kreis zu vollenden und über Ferchensee, Lautersee nach Mittenwald abzusteigen – oder geradeaus am Fuß des Wettersteinkamms weiterzuwandern, über Graseck in die winterlich verzauberte Partnachklamm, wenn möglich, einzudringen und bei Kainzenbad in die Arme der Zivilisation zurückzukehren. Auch der Eckbauer von hinten wäre ein Ziel, das ich empfehlen könnte, wenn nicht gerade lautstarker rheinischer Klüngel ihn besetzt hält. Doch mit dem muß man immer rechnen, wenn man die Annäherung an Garmisch-Partenkirchen wagt.

Der Barmsee-Maxl hat mir den Kristiania beigebracht, vor 50 Jahren am Hang hinter dem See. Der Hang ist noch da, milde geneigt, beruhigend breit und sicher 50 Meter hoch; sogar einen Babylift

hat er bekommen. Ich kann mich nur wundern, wie wenig es braucht, um das Skifahren zu lernen – immerhin hat's für ein ganzes Leben gelangt. Am Hirzeneck, vier Kilometer vor Krün, gibt es auch einen richtigen Schlepplift, der 200 Meter Höhenunterschied, oder so, einbringt. Doch Krün, mein Winterparadies, ist keines für ernsthafte Skifahrer, allenfalls für solche, die es werden wollen, und für Kinder ganz besonders.

Nun sehe ich schon die traurigen Augen des Herrn vom Verkehrsamt, der mir dargelegt hat, was die Gemeinde alles tut; auch eine Pistenraupe ist schon angeschafft worden. Und hat Krün nicht kürzlich sogar einen Rennläufer hervorgebracht, der bei den Weltcup-Konkurrenzen vorderste Plätze belegt und den Namen des Skidorfes Krün bis fast schon in die Schlagzeilen der überregionalen Blätter gebracht hat? Weiß der Teufel, wo unser Bittner Armin das Skifahren gelernt hat; auf den Krüner Pisten sicher nicht! Doch das weiß ich: Eines schickt sich nicht für alle – hat Goethe gesagt, der übrigens auf seiner Italienreise auch durch Krün gefahren ist (ohne sich etwas zu notieren, vielleicht war es schon dunkel), aber in Mittenwald übernachtet hat.

Vielleicht werden die Krüner noch einmal ein Lifterl hier, ein Lifterl dort aufstellen können. Einen Skizirkus werden sie aus ihrem Dorf nicht machen. Da muß schon der Liebe Gott dagegen gewesen sein, als er die alpine Landschaft so modelliert hat, daß man am Arlberg oder in Davos sehr gut skifahren kann, in Krün aber weniger. Ich sag also: Gott sei Dank! Denn wo die Skifahrer in Massen einfallen als eine lärmende, ellenbogenstarke Anspruchs- und Leistungsgesellschaft, in Stahl geschient, in Kunststoff geschweißt, da stirbt die Idylle, da ist das Paradies wieder einmal verloren.

Die Ski-Bummerl aber, die auf welchem Wege auch immer nach Krün geraten, die brauchen nicht viel: Ein paar Übungshänge, auf denen sie herumrutschen können, einige Loipen, die sie schnell ins Schwitzen und außer Puste bringen. Ihre Brettl sind Auslaufmodelle aus dem Kaufhaus, und die internationalen Renommiermarken haben hier auch noch nicht landen können. Aber lustig ist's, und ihren Appetit, ihren Muskelkater, ihr Frischluftquantum rutschen und schieben sie allemal zusammen. Einmal in der Woche aber, beim Skihaserl-, Bergwacht- oder Feuerwehrball in der »Schöttlkarspitze«, da treiben sie es wie in Zürs oder Gstaad, nur viel viel billiger...

Außerdem gibt es ja noch die Nachbarschaft, wo man, wenn es denn unbedingt sein muß, sich den Duft der großen weiten Welt um die Nase wehen lassen kann: Mittenwald, Seefeld, Garmisch-

Partenkirchen, Innsbruck – in dieser Reihenfolge. Die Weisen aber bleiben da und gehen zum Eisstockschießen. Am schönsten ist es nachmittags, wenn die Sonne hinter dem Wettersteinkamm versinkt, wenn Wälder und Felsen sich fahl-frostig färben, wenn die Dämmerung langsam heraufzieht und das Tröpferl an der Nase festzufrieren beginnt. Dann trifft man sie, gewichtig und vermummt (nicht einmal der Innenminister hat etwas dagegen), die Kriner, Holzer, Neuner, die Mayr und Simon, gestandene, gegen Fußkälte unempfindliche Männer, die in der Gemeinde das Sagen haben. Wenn die ihr Ziel anvisieren, abwägend Maß nehmen und den Eisstock mit lässig kraftvollem Schwung auf die Bahn bringen, dann ist die Welt im Lot. Die kleine, die Krün heißt, sowieso.

Sechzehn Hektar Grund für jeden

Die Jachenauer und ihr Tal

Mühsam und schweißtreibend ist es, einen alten Bergpfad aufzuspüren, wo neuerdings eine – wieder einmal zu breite – Forststraße durch den Wald geschlagen wurde. Es hat ihn aber gegeben; an einigen Stellen ist er noch zu erkennen. Es muß ihn ja auch gegeben haben. Denn die Almbauern vom Kochelsee haben auf ihm ihre Kühe ins Tal der Jachenau getrieben. Das hieß zwar, 600 Meter hoch bis in die Senke zwischen Jochberg und Rabenkopf aufsteigen. Trotzdem sind sie auf diesem Weg schneller in die Jachenau gelangt als über den Kesselberg. Da hätten sie sich nämlich durch das dichte Gehölz am nördlichen Walchensee-Ufer schlagen müssen. Die Landkarte verrät dieses Geheimnis erst auf den zweiten oder dritten Blick. Denn die eingezeichneten Fahrstraßen von heute führen den Fußgänger fast immer in die falsche Richtung.

Die Jachenau ist nicht vom Isartal aus besiedelt worden, wie man meinen möchte, sondern vom Kochelsee her, genauer: vom Kloster Benediktbeuern, das in seiner Frühzeit noch am Ufer des mittlerweile verlandeten und versumpften Sees gelegen hat. Im Joch besaß das Kloster einen Schwaighof, und eines schönen Sommers vor vielleicht 1000 Jahren machten sich ein paar rüstige Hofleute auf den Weg, um ihre Kühe über die besagte Senke zu treiben. Jenseits der Höhe folgten sie einem schmalen, munteren Wasserlauf, der ihnen den Weg bergab zeigte, bis sie auf eine Lichtung im dichten Bergwald stießen. Dort hat es ihren Kühen anscheinend so gut gefallen, daß sie gleich eine Almhütte errichteten und den Wald um die Lichtung zu roden begannen.

Auf dem breiten Wiesenhügel oberhalb der Jachenau muß es wohl jedem gefallen, ob Vieh oder Mensch. Die vier stattlichen Bauernhöfe an der Stelle der längst vermoderten Almhütte – heute der Weiler »Berg« – stehen auf dem schönsten Fleckerl in dem ganzen Tal. Im Westen, hinter dem Waldgürtel, ahnen wir den Walchensee mit seinen Surfern. Im Süden schauen die Gipfel des Karwendel und der Soiern über die Fichtenspitzen hinweg. Und im Osten, ein gutes Stück jenseits der Isar, türmt sich ein Felsmassiv auf, gewaltig wie das Matterhorn oder mindestens der Watzmann. Es ist aber nur der Guffert, ein bekannter Hochstapler, der es allein seiner isolierten Position zwischen Blaubergen und Rofan verdankt, daß er viel bedeutender wirkt, als seiner bescheidenen Höhe zukommt. Vor uns schließlich zieht sich das Tal der Jachenau – langgestreckt, waldgesäumt und spärlich besiedelt – der Isar entgegen.
Die Jachenau – Aue der gachen, jähen, reißenden Ache – heißt das Tal; Jachenau die Ortschaft, die sich rühmen darf, Bayerns kleinste selbständige Gemeinde zu sein. Als klein gilt sie, weil sie nur 816 Einwohner zählt. An Grundfläche aber ist sie wahrhaft groß: 12 800 Hektar, das sind 16 Hektar rechnerisch für jeden Jachenauer, Säuglinge eingeschlossen. Platz genug also, um sich aus dem Wege zu gehen, wenn man nicht – am Stammtisch in der »Post« etwa – nachbarliche Nähe und Körperwärme ausdrücklich anstrebt. Im Süden dehnt das Gemeindegebiet sich über die Waldberge hinweg bis zur Isar und zum Sylvensteinsee aus. Die geräumigen Verhältnisse in der Gemeinde sind, wie jeder Ortsfremde alsbald feststellen kann, der Gesundheit, dem Nervenkostüm und dem Selbstbewußtsein der Jachenauer ausgezeichnet bekommen.
In den siebziger Jahren, als die Schlacht um die Kommunalreform im Lande tobte, hätte der Gemeinde Jachenau um ein Haar das letzte Stündchen geschlagen. Dem einnehmenden Nachbarort Lenggries hätte sie zugeschlagen werden und zu handlicher Größe verhelfen sollen. Wer vom grünen Tisch in München aus in den Isarwinkel hineinregiert, dem mag das plausibel erschienen sein. Den Jachenauern aber ist es an die Wurzeln ihres Selbstverständnisses gegangen. Ihr damaliger Bürgermeister Kaspar Orterer hieß zum Glück nicht nur, wie der Anführer eines verschworenen Landsknechtshaufens geheißen haben könnte. Wie ein solcher hat er sich auch in die Bresche geschlagen und die Unabhängigkeit seiner Gemeinde mit Klauen und Zähnen (sowie mit Hilfe eines anderen Ministers, zu dessen Wahlkreis Jachenau gehörte) verteidigt!
Auch der Name seines Nachfolgers, Benedikt Reisch, ist fast ein

Programm. Seit Jahrhunderten schon sitzen die Reisch im Tal: alter Jachenauer Bauernadel sozusagen. Im Taufnamen aber, der in der Jachenau immer noch der am meisten verbreitete ist, leben die überkommenen Bindungen zum Kloster über den Bergen weiter, obgleich die Säkularisation im Jahr 1803 diese gründlich hatte zerschlagen sollen. Wer mit der Historie nichts anzufangen weiß, braucht nur seine Augen zu erheben – zur Benediktenwand, dem mächtigen Bergstock im Norden, der die Jachenau vor den kalten Winden schützt!

Der Reisch Benedikt scheint ein guter Bürgermeister zu sein, einer wie die Gemeinde ihn braucht und der, vor allem, den Leuten nur dann in ihre Angelegenheiten dreinredet, wenn es wirklich sein muß. Das ist wichtig. Denn auf ihre Eigenständigkeit haben die Jachenauer gehalten, so lange man denken kann. Eigentlich ist es mit den bäuerlichen Freiheiten im Mittelalter ja nicht weit her gewesen. Die Jachenau mit allem, was dazu gehört, war nun einmal ein klösterliches Besitztum. Doch die Äbte von Benediktbeuern haben die Jachenauer nicht mehr als unbedingt nötig gereizt. Eine Kuh, die man melken will, muß man in Frieden lassen! Das wußten die Äbte damals noch. Denn die meisten kamen ja selbst aus bäuerlichem Stand.

Es war nicht die Weisheit klösterlicher Politik allein, die den Jachenauern ein hinlängliches Maß an Unabhängigkeit beschert hat. Sie lebten, von Benediktbeuern aus gesehen, weit vom Schuß. Bis ein Pater Zins- oder Waldmeister das Tal über den trotz allem mühsamen Bergpfad erreicht hatte, dürfte er für mancherlei Zugeständnisse reif geworden sein. Auch ein Gottesmann ist nicht gegen physische Schwächeanfälle gefeit, und schon gar nicht – er sei denn ein Heiliger – gegen die Attacken von Bär, Wolf oder Luchs, die bis ins 18. Jahrhundert die Wälder dort unsicher gemacht haben.

Mehr noch: Wie wir die Jachenauer einschätzen, sind ihre Vorfahren durchaus imstande gewesen, einen ihrem Schutze anvertrauten Pater so eindringlich auf die im dichten Gehölz lauernden Gefahren hinzuweisen, daß der seine Kontrollaufgaben einem Mächtigeren anvertraute und sich vorbeugend zur Umkehr bewegen ließ. Auch der Abt würde einsehen müssen, daß ihm mit einem von Wölfen abgenagten Skelett nicht gedient sein konnte. Indessen die Jachenauer die Gelegenheit nutzten, wieder ein paar Baumstämme aus dem Klosterwald beiseite zu schaffen. Andeutungen über derartige Praktiken finden sich gelegentlich zwischen den Zeilen der Beurer Klosterchronik.

Trotzdem war der Arm des Abtes von Benediktbeuern noch lang

genug, um auch die Jachenauer im wesentlichen im Griff zu behalten. Das Wesentliche aber war der Zins, der Zehente, zu entrichten in Käse. Die Wirtschaftskraft eines Bauernhofes läßt sich nach der Zahl der Käslaibln bemessen, die im Kloster abzuliefern waren. Im Steuerbuch von Benediktbeuern steht's genau verzeichnet: dieser Hof 100 Laibln, jener Hof 125 Laibln. Die größten Höfe hatten bereits anno 1275 nicht weniger als 200 Käsleibln zu entrichten. Zu ihnen gehörte auch der Luitpolder-Hof in der Jachenau.

Heute noch, 700 Jahre später, ist der Luitpolder-Hof einer der größten Höfe in der Jachenau und der bekannteste sowieso. Kein Spaziergänger kommt an ihm vorbei, ohne ihm seine Reverenz zu erweisen (der jetzige Bau stammt aus der Zeit um 1700). Denn er steht für alles, was Stadtmenschen auf dem Lande suchen: Selbstbewußtsein, Gelassenheit, Dauerhaftigkeit, bodenständiger Schönheitssinn. Und weil dergleichen nicht nur geahnt und erspürt sein will, verkünden Inschriften über Türen und Fenstern die altbewährten Weisheiten aus dem bäuerlichen Leben:

Der Mensch muß selbst sein Schicksal lenken,
Er hat zur Arbeit Kraft und den Verstand zum Denken.

Auf Freunde nie bau / nit allen trau,
auf dich selbst schau / sei nit zu genau.

Red wenig, mach es wahr. / Borg wenig, zahl es bar.
Laß einen jeden wer er ist. / So bleibst auch du, wer du bist.

Über dem Kuhstall aber steht geschrieben (gut, daß Ochsen nicht lesen können!):

Der Ochs der ziacht und hilft zu Brodt,
man macht ihn fett und schlagt ihn todt.

Das von dichten Wäldern umrahmte Wiesental mit den weit verstreuten Höfen darin, die anmutige Dorfidylle mit dem Kirchlein auf dem Hügel darüber: So etwas bezaubert die Besucher von heute, verleitet aber auch zu Trugschlüssen. Tatsächlich ist die Jachenau eine unwirtliche Region, eines der ganz wenigen Ost-West-Täler am nördlichen Alpenrand, das besiedelt worden und bewohnt geblieben ist. Hier kann der Winter ein halbes Jahr lang dauern, und auf manchen Hof fällt vom November bis zum Februar nicht ein Sonnenstrahl. Jahrhundertelang haben die Bauern es mit dem Anbau von Roggen, Flachs und Kartoffeln versucht. Doch was dabei herauskam, reichte nicht einmal für den eigenen Bedarf. Und wenn Hagel oder Frost zugeschlagen hatten, wenn das reißende Wasser der Jachen die Felder überschwemmt hatte, dann mußte das Kloster halt wieder einmal Hilfe und Saatgut schicken.
Ohne ihren Wald hätten die Jachenauer sich nicht im Tal halten können. Achtzig Prozent des Gemeindegebietes sind Wälder – das einzige, was hier immer reichlich vorhanden gewesen ist! Bis zur Säkularisation waren die Nutzungsrechte genau festgelegt: für das Kloster, die Bauern, die Armen, das allgemeine Bauholz. Als die Münchner draußen ihre Frauenkirche errichteten, gegen Ende des 15. Jahrhunderts, verwendeten sie für den gewaltigen Dachstuhl 2200 Fichtenstämme aus der Jachenau und vom Walchensee. Die Stämme wurden nach Lenggries gedriftet und von dort per Floß isarabwärts in die Residenzstadt geschickt. (Nach 1945, als die ausgebrannte Frauenkirche einen neuen Dachstuhl brauchte, hat man es genauso gemacht!)

Mit der Säkularisation hielt der Bayerische Staat die Gelegenheit für gekommen, zusammen mit dem Klosterbesitz auch die Waldprivilegien der Jachenauer zu kassieren. Die aber gingen auf die Barrikaden, drohten mit Auswanderung (nach Bessarabien!) und verlegten sich dann aufs Prozessieren. Generationen von Advokaten und Kabinettsräten bohrten sich mühsam durch dicke juristische Bretter, mit dem Ergebnis, daß die Jachenauer ein ganz speziell auf sie zugeschnittenes Waldrecht bekamen. Mit ihrer so einfachen wie unwiderlegbaren Argumentation hatten sie sich durchgesetzt: Ohne unseren Wald können wir nicht existieren! Erst 1978 ist Jachenau forstrechtlich den anderen bäuerlichen Gemeinden Bayerns gleichgestellt worden.

Inzwischen hatte nämlich die Gegenwart das Tal fast schon eingeholt. Die Jachenauer waren nicht mehr ausschließlich auf ihren Wald angewiesen. Im Isarwinkel entstanden mittelständische Industriebetriebe, die auch Arbeitsplätze für Pendler anzubieten hatten. Und die Ausläufer des anschwellenden Touristenstromes schwappten bis in den noch unberührten Winkel herein.
Zwei kleine Gasthäuser hatte es im Dorf schon vorher gegeben. Ihre 40 Betten reichten leicht aus, um den tröpfelnden Sommergästen ein Dach über dem Kopf zu bieten. Mittlerweile haben sich auch ein paar Frühstückspensionen aufgetan, und Privatvermieter haben »Fremdenzimmer« eingerichtet, die sie zu Preisen zwischen 12 und 20 Mark an sparsame Urlauber vermieten. In den 600 Betten, die auf diese Weise zusammengekommen sind, finden laut Statistik etwa 40000 Übernachtungen im Jahr statt; auf der Gemeinde rechnet man realistisch eher mit 50000. Das genügt, um den Fremdenverkehr – von Tourismus mag man wirklich noch nicht sprechen – nach der Forst- und neben der Landwirtschaft zur dritten Erwerbsquelle im Tal zu machen.
Wahrscheinlich wären ja die Jachenauer lieber unter sich geblieben. Es gibt da ein paar G'schichterln aus alter Zeit, die zeigen, daß man »Zugroaste« so lange getratzt hat, bis sie alle Hoffnung, hier heimisch zu werden, fahren ließen und wieder abgewandert sind. Aber sie haben eingesehen, daß es ohne die Fremden nicht mehr geht, und es ist auch nicht so, daß sie unfreundlich wären zu denen. Die Kinder auf der Straße sagen brav »Grüß di!«, wenn sie einem begegnen, und die Großen, mag sein, denken es. Die Fremden sind schon recht – nur zu lange bleiben wollen sollten sie halt nicht.
Stadtleute, die sich in der Jachenau ansiedeln wollen wie anderswo im Voralpenland, haben keine Chance. Und wer etwa eine brachliegende Wiese verkaufen wollte, damit einer aus München da ein paar Ferienwohnungen hineinstellen kann, der hätte einen schweren Stand in der Gemeinde.
Die Jachenauer können unbesorgt sein: Vom touristischen Rummel wird ihr Tal bis auf weiteres verschont bleiben. Mit den Attraktionen, die sie zu bieten haben, läßt sich keine Reklame machen; gibt es doch weder eine Diskothek im Ort noch einen Whirlpool, ja nicht einmal einen Schnellimbiß! Auch der Alpinist darf hier nicht auf Lorbeeren hoffen: Kein Zufall, daß ein der Form eines Eispikkels nachgebildeter Spazierstock das einzige alpine Ausrüstungsstück ist, das man in der Gemischtwarenhandlung des Kaspar Öttl erwerben kann!

Der reicht auch aus für die Unternehmungen in der Umgebung. Das Waldgebirge auf der Südseite erreicht seinen höchsten Punkt im Staffel, der mit seinen 1532 Metern gewiß nicht zu den Giganten unter den Gipfeln Europas gehört. Da hat die Benediktenwand auf der Talseite gegenüber schon ein anderes Kaliber. Der nach Norden senkrecht abfallende mächtige Felsenkamm beherrscht die Szenerie des Voralpenlandes zwischen Loisach und Isar und zieht selbst von München noch den Blick auf sich. Aber vielen ist der 4-Stunden-Weg zum Gipfelkreuz (1800 m) schon zu weit. Sie schaffen's nur bis zum Wasserfall, wo es sich idyllisch rasten läßt, oder äußerstenfalls bis zum Jochberg, zu dessen Wiesenglatzkopf Walchen- und Kochelsee mit ihren wäßrigen blauen Augen so lieb heraufschauen.

Wann ist es am schönsten in der Jachenau? Im späten Frühjahr vielleicht, wenn der letzte Schnee von fernen Bergen blitzt, im Tal aber die Wiesen zu blühen beginnen und zartgrüne Farbtupfer die dunklen Nadelwälder durchlichten. Oder im Herbst, wenn es still wird im Gebirge und die Sonne schon flachere Bahnen zieht, die Südhänge unter der »Beniwand« aber noch angenehm anwärmt, so daß man glücklich im Grase liegen und träumen kann, bis die Schatten länger werden und der Nachmittagsnebel aus den Tälern aufsteigt.

Oder ist doch der Winter die schönste Jahreszeit in der Jachenau? So wird es wahrscheinlich jemand empfinden, der archaisch wirkende Landschaften liebt. Der Jachenauer Winter ist noch ein strenger Herr, dessen kernfeste und dauerhafte Herrschaft sich weder vom Föhn noch von Komfort und Make-up eines Wintersportplatzes erweichen läßt. In der dicken Schneedecke, die das Tal überzieht, und hinter den oft zwei Meter hohen Schneewällen erscheinen die einzeln gelegenen Bauernhöfe noch verlorener als sonst. Das Leben reduziert sich auf die bäuerlich-handwerklichen Arbeiten im Haus und im Wald; Bewegung in der Landschaft ist oft nur da zu erkennen, wo Traktoren mit kettenklirrenden Riesenreifen frostige, tonnenschwere Baumstämme durch den Schnee auf den Holzplatz ziehen.

Die beiden kleinen Lifte, an denen die Kinderkurse aus der Umgebung üben und die schönen Loipen, die sich 20 Kilometer lang durch das Tal ziehen, können die archaische Prägung der winterlichen Jachenau nicht beeinträchtigen. Sie bleiben Randerscheinungen in jedem Sinn. Wenn aber die Dämmerung hereinbricht, es zu schneien beginnt und der bescheidene Wintersportbetrieb längst wieder abgezogen ist, dann kann ein Fremder sich plötzlich sehr verloren fühlen im Tal. Dann wird er erleichtert sein, wenn in den Fenstern der verstreuten Bauernhöfe tröstlich die Lichter aufleuchten. Ihm scheint, sie wollen ihm signalisieren, daß er hier oder dort verwundert vielleicht, doch freundlich aufgenommen werden würde – vorausgesetzt, er gibt zu erkennen, daß er nicht auf Dauer zu bleiben gedenkt.

Leibls Land

Im Dreieck Berbling, Aibling, Kutterling

Der Wilhelm Leibl ist ein harter Knochen, an dem einer, der über ihn schreiben will, sich leicht die Zähne ausbeißen kann. Als Künstler-Original, wie sie zu seiner Lebzeit schockweise in München herumgelaufen sind, gibt er kaum was her; als Malerfürst ist er ebenso wenig präsentabel, hat auch keiner sein wollen, sondern die Kaulbachs und Lenbachs von Herzen verachtet. Ein malender Schwerarbeiter ist er gewesen, ganz ohne Allüren und rücksichtslos gegen sich wie gegen andere, seine Modelle zumal, die er am liebsten auf ihrem Platz festgenagelt hätte, wenn sie sich davonmachen wollten, und er ist noch nicht fertig geworden mit dem, was er sich vorgenommen hatte.

Leibls Biographie taugt nicht zur Legendenbildung, noch bereichert sie unseren Anekdotenschatz oder die Chronique scandaleuse (kein abgeschnittenes Ohr wie van Gogh!), Weibergeschichten scheinen in seinem Leben eine eher marginale Rolle gespielt zu haben. Doch wenn es stimmt, daß er mit seinem Malerfreund Sperl wie in einer Ehe zusammen gehaust hat, dann muß das den Berblingern, Aiblingern, Kutterlingern ziemlich normal vorgekommen sein; denn wie leicht bayerische Betschwestern und -brüder einen Anlaß finden, Anstoß zu nehmen, weiß man ja. Das Bier hat er mögen, auf die Jagd ist er gegangen und manchmal auch in die Berge. Aber geredet hat er nicht viel und nach sarkastischen Bonmots, wie sie dem Kollegen Liebermann so leicht über die Lippen geflossen sind, forschen wir in seinen kargen Äußerungen zur Sache vergebens. Mit 56 Jahren ist Leibl – bedenkt man, was wir von ihm noch hätten erwarten können – zu früh gestorben. Aber später, als daß ihm ein Frühvollendeten-Bonus hätte gutgeschrieben werden können wie dem Raffael oder Franz Marc.

Nicht einmal ein richtiger Bayer und damit allein schon ein Besonderer mit direktem Zugang zum weißblauen Himmel ist Leibl gewesen; bestenfalls ein halber: In Köln geboren als Sohn einer rheinländischen Mutter, was man ihm sein Leben lang anhören konnte, und eines Vaters aus der damals bayerischen Pfalz. Was uns aus alledem bleibt, ist ein nüchternes und also sehr Leibl'sches Fazit: Das »größte Maleringenium seit der Renaissance« (eine Übertreibung Liebermanns) ist respektiert, doch nie verehrt, international anerkannt wie wenige deutsche Maler, doch nie populär geworden!

Warum ich trotzdem auf diesen Leibl gekommen bin? Wenn einer hundertmal, wahrscheinlich öfter, von München her auf der Autobahn über den Irschenberg gen Salzburg oder Innsbruck rollt und immer wieder zu spät schaltet, nämlich erst dann, wenn rechts über der Inntalsenke und vor dem Wendelstein die zartgelbe wunderliche Wallfahrtskirche von Wilparting auftaucht, dann wird es höchste Zeit, daß er sich endlich einmal vornimmt, rechtzeitig auf die Bremse zu treten und auszuscheren. Am besten an einem schönen Tag im frühen Mai, wenn die Obstbäume in den Bauerngärten, gestreichelt vom milden Südwind, in voller Blüte stehen und die Löwenzahnwiesen unter ihnen auch; der Seidelbast in den Aiblinger Filzen freilich, der ist dann schon wieder verblüht.

Weil unsereiner aber nicht einfach so ausschert am Irschenberg, nur weil's ihm gerade an der Lust auf Salzburg, Innsbruck oder Jugoslawien fehlt, habe ich mir einen zwingenden Grund gesucht

– und bin ausgerechnet im hohen Norden fündig geworden, in der Hamburger Kunsthalle, vor dem Bild »Drei Frauen in der Kirche«, das Wilhelm Leibl in Berbling gemalt hat, nur wenige Kilometer von der Autobahn-Ausfahrt entfernt. Und nicht nur das. Zweiundzwanzig Jahre lang hat er in der Moränen-Moor-Landschaft zwischen Irschenberg und Wendelstein gelebt und gearbeitet – ein wahrhaft hinreichender Grund, das Leibl-Land um Berbling, Bad Aibling und Kutterling zu entdecken!
Die Wegweiser an dem Sträßchen, das sich seitlich der Autobahn den Irschenberg abwärts schlängelt, kündigen Wendling, Wilparting, Pfaffing, Schlachtham sowie Bernrain an – es wird nachgerade hörbar, daß wir uns durch uraltes bayerisches Siedlungsgebiet bewegen. Auch Berbling gehört dazu, ursprünglich ein Besitz des Klosters Chiemsee, später aber dem Kloster Scheyarn zugesprochen, woran das Scheyrer Doppelkreuz auf der Kirchturmspitze noch erinnert. Mit wenig mehr als 300 Seelen ist Berbling heute eine der kleinsten selbständigen Pfarrgemeinden Bayerns, weshalb nach Meinung der Diözese München-Freising auch ein Pfarrer im Ruhestand genügt, die Schäflein der Gemeinde seelsorgerisch zu hüten.
Der Ruhestandspfarrer ist noch ein ganz rüstiger, dem Zeit genug bleibt, sich auch um anderes zu kümmern, wie zum Beispiel um Wilhelm Leibl, den es vor 110 Jahren ins Dorf verschlagen hat. Er bewahrt damit eine gute Tradition. Einer seiner Vorgänger ist es nämlich gewesen, der den damals krisengeplagten Maler aus München nach Berbling geholt hat. Dem ist die Einladung gerade recht gekommen, und so hat er sich auf dem Pfarrhof draußen in Haslach – der geistliche Herr war ein Ökonomie-Pfarrer mit Bauernhof – einquartiert.
Berbling, eingebettet in die letzten Ausfläufer, die der Irschenberg in die Inntalebene vorschiebt, ist ein Dorf zum Gernhaben. Die meisten Familien leben hier noch von der Landwirtschaft, ihre Häuser stehen in den Wiesen, denen die Obstbäume Schatten spenden. Die Kirche mit dem schönen barocken Schwung ist blitzblank renoviert. Aber die Friedhofsmauer müßte erneuert werden, seufzt der Pfarrer und denkt sorgenvoll ans Denkmalsamt.
Die Münchner haben Berbling fast noch nicht entdeckt; auf geheimnisvolle Weise liegt es abseits ihrer Rollbahnen und Ausflugsschneisen. So ist vieles im Dorf beim alten geblieben. Die Höfe sind sauber hergerichtet, aber kein Haus ist von der Art, in der Stadtleute den Bauern einmal zeigen, wie man so richtig rustikal baut, mit Rundbogenportalen, schmiedeeisernen Fenstergit-

tern und gedrechselten Balkonen aus der Holzfabrik! Und natürlich keine Touristen, nicht einmal ein Campingplatz. Dafür das alte Dorfwirtshaus, in dem schon Leibl zu Mittag gespeist hat wie wir jetzt. Aber das Essen hat ihm keine Freude gemacht; wiederholt hat er sich über die primitive Kost beklagt. Wieder seufzt der Pfarrer, diesmal ganz leise, damit die Wirtin es nicht hört. Und wir wissen uns einig in der resignierten Erkenntnis, daß bayerische Wirtshäuser auch dann ihre Traditionen pflegen, wenn wir auf diese lieber verzichten würden...

Normalerweise ist das auch nicht sein Problem; da kocht ja die Haushälterin für ihn. Und überhaupt ist der Pfarrer sehr zufrieden mit den Leuten im Dorf. »Sie sind leicht zu führen«, lobt er sie. Bei der Fronleichnamsprozession gehen noch alle mit; jeder weiß, wo sein Platz und was seine Aufgabe ist. Letztes Jahr auf dem Weihnachtsbazar haben die Frauen 1500 Mark gesammelt, für ein neues »Rauchgewand« für ihn. Nein, Asylanten oder andere Ausländer leben nicht im Dorf. Die hätten es hier wohl auch nicht leicht. Aber eine protestantische Familie gibt es, und das sind sehr ordentliche, ja sympathische Menschen, das muß man sagen. Übrigens, das Mädchen, das da über die Straße geht, zum einzigen kleinen Gemischtwarenladen im Ort, haben wir das nicht unlängst erst gesehen, in Hamburg vielleicht?

Landschaftsmalern der »Münchner Schule«, die damals groß im Schwange gewesen ist, hätte Berbling mit seiner Umgebung am Alpenrand viele lohnende Motive liefern können. Doch als Künstler hatte Leibl kein Auge für die Natur, die er, als Jäger auf der Pirsch, so gern durchstreifte. Vier Jahre lang, von 1878 bis 1881, hat er in der Kirche gesessen und an seinem Bild gemalt, vom Frühjahr bis in den Herbst hinein, wann immer es nicht zu kalt gewesen ist, um den Pinsel zu führen! Hart gegen sich selbst ist er gewesen, asketisch, geduldig, stur – die Kunst verlangt Opfer. Aber wie haben seine Modelle das ausgehalten, die er fast wie Arbeitssklavinnen gehalten hat, was sind das für Menschen gewesen?

Pfarrer Straßer kennt sie alle drei bei Namen und zeigt uns die Häuser, aus denen sie gekommen sind: Die junge Anna Staber, »Zach Nanndl« genannt, in ihrem stolzen Sonntagsstaat und mit den roten Flecken im Gesicht, die nicht blühende Jugend verraten, sondern ein kränkelndes Geschöpf, das recht früh hat sterben müssen; dann die »Mirl«, die alterskrumme, von lebenslanger Mühsal ausgemergelte Magd Maria Buchner beim Pongart unten am Dorfeingang; und schließlich die Vogl Maria von Mietraching, die aus dem Nachbardorf kommen mußte, was manchen Berblingern mißfallen

hat, weil sie gemeint haben, eine solchene hätten sie auch selbst beibringen können. Die ist blind gewesen und hat in kein Gebetbuch mehr zu schauen brauchen; die wahre Andacht kommt eh von innen heraus.
Es ist aber kein frommes Andachtsbild gewesen, das Leibl hat malen wollen, allein um die Genauigkeit ist es ihm gegangen. »Man male den Menschen so, wie er ist, da ist die Seele ohnehin dabei!« Die Lesbarkeit der Buchstaben in den Gebetbüchern, die Stickereien am Mieder des Mädchens, wie mit Nadel und Faden auf die Leinwand appliziert, sind ihm ebenso bedeutungsvoll gewesen wie ein beseelter Gesichtsausdruck. Die Zach Nanndl hätte er am liebsten über Nacht in ihrer Kirchenbank sitzen lassen, um tags darauf am unveränderten Faltenwurf ihres Gewandes weitermalen zu können.
Andere, zarter Besaitete hätten allein die Alltags-Widrigkeiten resignieren lassen, mit denen Leibl sich ständig herumzuschlagen hatte. Der Nachfolger seines Pfarrer-Freundes, ein Banause offenbar, wollte ihn nicht mehr in der Kirche arbeiten lassen. Als er seinen Widerstand endlich aufgegeben hatte, erlegten die zahlreichen Feiertage des dörflichen Lebens dem Maler immer wieder Zwangspausen auf. Schien endlich einmal alles gut zu laufen und war es nicht zu kalt in der Kirche, dann zogen vielleicht Regenwolken auf und Leibl mußte seine Arbeit einstellen, weil es zu dunkel wurde. Und natürlich waren auch seine Modelle keine Maschinen: Sie wurden krank oder blieben aus anderen Gründen weg.
In seinen Zwangs- oder Erschöpfungspausen suchte Leibl Trost und Ablenkung beim Dorfschmied, wo er als willkommener Helfer kraftvoll auf den Amboß schlagen durfte. Das schön bemalte Schmied-Haus mit der alten Schmiede steht noch, gleich neben der Kirche. Am meisten Freude hat es ihm aber gemacht, wenn Berblinger Zaungäste sein Werk würdigten. Für sie, die sich auf harte Arbeit und geduldiges Ausharren verstanden, war Leibl kein »spinnater« Künstler, sondern ein ernsthafter, gewissenhafter Handwerker. Glücklich zitiert der Maler einen Bauern, der das noch nicht fertige Bild begutachtete und tief beeindruckt sein Urteil abgab: »Das ist Meisterarbeit!«
Vielleicht hatte der Mann die gemalten Seitenwangen an den Kirchenbänken, auf denen man die Eichenholzschnitzereien (heute noch) mit den Händen abtasten zu können meint, mit seiner Wirklichkeit verglichen und nicht die geringste Abweichung gefunden. Leibls realistische Technik macht es auch ungeschulten Betrachtern leicht, ihren Wert einzuschätzen. Doch was hätten die Berblin-

ger Bauern, eine Generation später, zu Marcs bunten Kühen und Kandinskys Landschaften gesagt? Wer hätte ihnen erklären können, daß die Formen gesprengt, die Farben abgelöst werden mußten, eben weil Maler wie Leibl die Ab-Bildung bis zur Vollendung, das heißt, bis zum Ende geführt hatten, und daß sie sich in Zukunft an die Fotografen halten mußten, wenn sie ihre Welt wiedererkennen wollten?

Im Sommer 1881 hat Leibl allerletzte Hand an sein Bild gelegt und es anschließend auf mehreren Ausstellungen gezeigt. Für 100 000 Mark hatte er es verkaufen wollen, was von einem ausgeprägten Selbstbewußtsein zeugt; 43 000 Mark hat er schließlich bekommen. Investitionen an Zeit und Geld werden vom Kunstmarkt nicht honoriert. Ein Bild ist ein Bild – ob einer vier Jahre daran gemalt hat oder nur vier Tage!

Unterdessen war Leibl ins nahe Moorbad Aibling umgezogen, wo er am Marienplatz 7 ein Zimmer mietete und auf einem Wiesengrundstück am Flüßchen Glonn, etwas außerhalb, sich ein Atelier einrichtete. Um dieses tobt zur Zeit ein erbitterter Kleinkrieg in der ehemaligen Kreisstadt zwischen der Bürgerinitiative »Rettet das Leibl-Atelier« und einer Mehrheit im Stadtrat, die nichts gegen einen Abriß der »oiden Hütt'n« hätte. Tatsächlich befindet sich das Atelier, das viele Jahre lang leer gestanden hat, in einem desolaten Zustand. Und die Bürger, die es erhalten wollen, müssen sich sagen lassen, daß sie halt früher hätten Alarm schreien sollen, als eine Rettung sich noch lohnte. Der Grad der Empfindlichkeit ist deshalb so hoch, weil den Aiblingern bei dieser Gelegenheit schmerzlich-peinlich bewußt wird, daß sie kein einziges Werk von der Hand Wilhelm Leibls besitzen, der immerhin als der berühmteste ihrer Mitbürger gilt.

Auch die anderen Reminiszenzen an Leibls Aiblinger Zeit – von 1881 bis 1892 – sind nur von beiläufiger Art. Im Biergarten des »Schuhbräu« hat er gern im Schatten der Kastanien gesessen und auf die Berge geschaut, die ihm lieb gewesen sind, die er aber nie hat malen wollen. Im Gasthof – heute Hotel – Lindner zeigt man den Stammtisch, an dem er, seinen Hühnerhund »Perdrix« unter demselben, allabendlich und ziemlich wortkarg gesessen haben soll. Im Aiblinger Heimatmuseum gibt es sogar ein Leibl-Zimmer. Das ist die alte Bauernstube, die dem Maler in seiner anschließenden Kutterlinger Zeit als Atelier gedient hat und die wir auf den Bildern aus diesen Jahren wiedererkennen.

Mit dieser Stube hat es noch eine besondere Bewandtnis. Eines Tages nach dem Ersten Weltkrieg erschien eine Kommission aus

Köln in Kutterling. Sie wollte die Erinnerungsstücke an den mit Rheinwasser getauften Sohn der Stadt für das Wallraf-Richartz-Museum erwerben, das bereits eine respektable Sammlung von Leibl-Bildern besaß. Wortführer der Kommission, die mit dem Bürgermeister von Kutterling verhandelte, war der Oberbürgermeister von Köln, sein Name: Konrad Adenauer! Bald stellte sich allerdings heraus, daß das Museum keinen Platz hatte, um die Leibl-Stube dem Publikum präsentieren zu können. Die Kölner zeigten sich daraufhin großzügig und gaben die Stube zwar nicht nach Kutterling zurück, aber als Schenkung an das Heimatmuseum von Bad Aibling.

1892 ist Leibl, der zu seinen Ateliers ein Verhältnis gehabt haben soll »wie ein Beduine zu seinen Zeltplätzen«, nach Kutterling an den Fuß des Wendelsteins hinausgezogen. Die Aiblinger, die sich natürlich nichts nachsagen lassen wollten, mutmaßten, daß ihn ein Jagdrevier vor der Haustür dorthin gelockt habe. Kutterling bei Bad Feilnbach ist ein Weiler mit wenigen Bauernhöfen und vielen Obstbäumen, von dem man getrost sagen kann, daß die aufgeregten Zeitläufte ihn kaum berührt zu haben scheinen. Leibl pachtete ein Bauernhaus, in dem er bis zu seinem Lebensende wohnen blieb und das von seinen heutigen Besitzern so anständig behandelt wird, daß es dem Betrachter nicht weh tut. Man kann es nicht besichtigen. Aber der von Johann Sperl so oft gemalte Obstgarten ist leicht wiederzuerkennen.
Sperl, in Berbling und Aibling besuchsweise präsent, ist in Kutterling Leibls ständiger Hausgenosse geworden. Er hat die gemeinsame Wirtschaft geführt und dem Freund, dessen künstlerische Überlegenheit er nie in Frage stellte, die lästigen Alltagsarbeiten abgenommen, so auch das Firnissen der bemalten Leinwände, mit dem Leibl zeitlebens Schwierigkeiten hatte. Gemeinsam gingen sie auf die Jagd und gemeinsam malten sie ihre Bilder, wobei es

Sperls Spezialität war, seine Landschaften um Leibls Figuren herum auszubreiten, wie auf den Selbstdarstellungen »Der Birkhahnjäger« oder »Leibl und Sperl auf der Hühnerjagd«. Sperl verdanken wir die zahlreichen Ansichten der Vorgebirgslandschaft um Berbling, Aibling und Kutterling, insbesondere die charakteristischen Moorlandschaften, die sich auf der Grundmoräne des hier – im Rosenheimer Becken – noch 400 Meter mächtigen Inntalgletschers der Würmeiszeit gebildet haben.
Die Moore – im Voralpenland sagt man Filzen –, die Leibl und Sperl auf ihren Pirschgängen durchstreift haben, wird es bald nicht mehr geben. Zehntausend Jahre sind wohl genug. Das dröhnende Band der Autobahn – ja doch, niemand kann sie sich mehr wegdenken! – durchschneidet sie genau in der Mitte. Randgebiete sind zugunsten landwirtschaftlicher Nutzung kultiviert worden, und deren Produkte müssen nun hoch subventioniert werden. Man hat Fischteiche angelegt und auch Spazierwege, so daß die Kurgäste von Bad Aibling nachschauen können, wo ihre Moorpackungen herkommen. Jeder Eingriff in diese Ur-Natur hat sein ehrbares Motiv. Aber keiner läßt sich jemals mehr rückgängig machen.
Bis Ende 1900 hat Leibl in Kutterling gelebt und gearbeitet. Die Landschaft an den Rändern des Inntalbeckens, die er vor zweiundzwanzig Jahren zum ersten Mal besucht hatte, war ihm längst zur zweiten Heimat geworden – vielleicht, weil sie anspruchslos war wie er und nichts von sich hermachte. In Würzburg, wo er sich von einem Herzleiden kurieren wollte, ist er am 4. Dezember 1900, 56 Jahre alt, gestorben.

Achtzehnhundert Meter, drunter und drüber

Keine Aussichten, aber Tiefblicke und Einsichten

Namen werde ich nur nennen, wenn sie im Ungefähren bleiben können, so daß mit ihnen wenig anzufangen ist. Denn dort, wo unsereiner sich vorzugsweise herumtreibt, möchte ich nach Möglichkeit niemandem begegnen, auch keinem lieben Leser. Höchstens dem einen oder anderen verläßlichen Einzelgänger, mit dem man ein kurzes »Grüß Gott!« wechselt oder, wenn's hoch kommt, ein paar zweckdienliche Informationen austauscht: »Geht's da herauf oder dort drüben?« Gegen so einen, der dann vielleicht ein großkariertes Taschentuch zieht, um sich den Schweiß von der Stirn zu wischen, denn die Sonne zieht Wasser und er steht eh' gerade, gegen so einen also ist nichts einzuwenden. Denn er ist einer von uns, eigensinnig und zäh, und er hat entdeckt, was ihn glücklich macht. Aber nicht aus den Wandertips in der Zeitung, sondern in vielen Jahren entbehrungsreicher Fußarbeit bergauf und bergab.

Wir befinden uns nämlich, das muß nachgetragen werden, im Gebirge, genauer: in den Alpen, noch genauer: in den bayerischen Voralpen, kaum hundert Kilometer südlich von München. Doch wer da gleich an Wallberg- und Tegelbergbahn denkt oder an den Sonnengrill auf dem Wank, wo man sehen kann, wie ein biederer Berg sich mißbrauchen lassen muß im Interesse des Fremdenverkehrs, der ist auf dem Holzweg. Hochalpines name-dropping wird nicht stattfinden. Montblanc, Matterhorn und Ortler sind jenseits unseres Horizontes, und die Lokalgrößen von Wetterstein und Karwendel erheben sich nur am Rande unseres Blickfeldes. Sie liefern lediglich geographische Fixpunkte und damit die Bestä-

tigung dafür, daß wir uns nicht im montanen Nirwana befinden, sondern in der kernigen, kantigen, oberbayerischen Wirklichkeit etwa zwischen Tegernsee und Füssen.
Die Talbummler da unten, in den Aussichts-Cafés, nehmen freilich nur die alpine Prominenz ins Visier, damit sie etwas vorzuweisen haben, wenn sie Rechenschaft über ihren Urlaub ablegen müssen. Den belanglosen Jachenauer, Oberammergauer und Karwendelvorbergen, den Soiern und dem Estergebirge, auf denen unsereiner möglichst keinem begegnen möchte, es sei denn dem Einzelgänger mit dem karierten Taschentuch – denen kehren sie allen den Rücken zu. Denn die heißen so unscheinbar, heißen Grasberg oder Ochsenstaffel, Fricken oder Klaffen, Kreuzkopf oder Gabelschrofen, daß sich mit ihnen schlechterdings gar nichts Rühmliches anfangen läßt in der Norddeutschen Tiefebene. Und über die Höhenangaben hinter den Namen kann man wirklich nur lachen! Viele Gipfel, wenn man die so nennen will, erreichen nicht einmal das Niveau des Bahnhofsrestaurants in Davos. 1800m gilt schon als stattliche Höhe, und die Berge jenseits der »Schallgrenze« von 2000m geben sich gleich ganz erhaben. Ihr Haupt über dem dichten Latschenpelzkragen schmücken sie mit klobigem Kalkgestein, ungeschliffen und lupenrein.
Unsereiner grämt sich wenig darüber, daß es diesen Revieren an Renommee fehlt. Er hat dem höheren alpinen Ehrgeiz nicht grundsätzlich entsagt. Doch zu Zeiten weiß er nichts Schöneres, als in der namenlosen Zone zwischen 1500 und 2200m unterzutauchen: im Frühsommer und im Spätherbst, oder wenn dem Wetter nicht zu trauen ist, oder wenn sich absehen läßt, daß die gängigeren Gebirge von Alpinschulen, Pause-Touristen, geführten Gruppenwanderern und Punktesammlern für den »goldenen Bergschuh« verstopft sein werden. Dann streift er am liebsten durch die ausgefransten Hochwälder, wo die letzten Fichten einen harten Dauerkampf gegen Wind, Wetter und Bodenerosion führen. Dann schlägt er sich durch dichte Latschenfelder, strampelt sich steile Schuttrinnen hoch, sucht zugewachsene Pfade, verblichene Markierungen, verfallende Diensthütten, wandelt über üppig blühende Bergwiesen, die kein Naturschutzgesetz brauchen, lauscht dem in der Stille dröhnenden Bienen-Gesumm, jagt Fliegenschwärme über frischer Gemslosung auf, erschreckt Gemsen, die fünf Meter vor ihm friedlich äsen. Denn damit, daß heute noch einer hier vorbeikommt, haben sie offenbar nicht gerechnet.
Vergessen sind die komfortabel möblierten Erschließungszonen mit Ruhebänken, Forstmeilen, Berggasthäusern, mit Rundwander-

wegen, numerierten Markierungen und Klettersteigen. Den Spuren, auf denen unsereiner sich durchs Gelände schlägt, ist nicht anzusehen, ob sie der Jäger getreten hat oder das Rindvieh, als es vor Jahren noch hier weidete. (Ich kenne einen Berg, der wie ein hoher geistlicher Würdenträger heißt, auf dem die Markierungen nur für Absteiger zu erkennen sind. Ihnen darf geholfen werden; denn sie haben zuvor gezeigt, daß sie sich selbst zu helfen und den Gipfel zu finden wissen; nun sollen sie auch heil wieder runterkommen.)

Dabei strebt unsereiner nicht immer mit allen Mitteln, oft auch nur mit halbem Herzen dem Gipfel zu. Der Weg ist wichtig, nicht das Ziel! Doch wenn wir den höchsten Punkt erreichen, so sind wir nicht enttäuscht, vielleicht nur ein morsches Holzgestänge oder ein zusammengesacktes Steinmanndl vorzufinden. Gipfelkreuze, Gipfelbücher bleiben feineren Bergen mit einem größeren Publikum vorbehalten. Auch haben wir längst gelernt, ohne die gastlichen Häuser auszukommen, die in den möblierten Zonen der Alpen so dicht aufeinandersitzen. Hier, in der Region 1800, sind sie entweder weit, oder es sind keine. Dann stehst du unerlöst vor einer verschlossenen Tür, oder du darfst eintreten – um zu erfahren, daß man auf dieser Hütte sich selbst versorgt.

Unzulänglich ausgerüstet ist unsereiner auf solchen Streifzügen fast immer. Dann das sind spontane Unternehmungen, geboren aus der Lust des Augenblicks oder beim Studium einer Tourenkarte von anno 1905. Gerade daß die Schuhe fest sind und die Hose hält. Beim Wärmeschutz läßt die Vorsorge schon aus. Und all die anderen kleinen Sachen, die im Rucksack Freude machen, Butterbrote, Traubenzucker, Heftpflaster, Kompaß, Tee – die muß man sich schon dazu denken; denn als greifbare Realitäten fehlen sie fast immer.

Da klebst du nun mitten in einer Sandreiße, und was wie ein Pfad ausgesehen hat, bricht unter dir in einer Felswand ab, der nicht beizukommen ist. Natürlich fängt es nun sanft durchdringend zu regnen an und nässelt dir zügig zum Hemdkragen herein. Der federleichte Regenumhang liegt trocken, unten im Auto. Dabei hängt der Himmel schon seit Stunden voll von schweren Wolken. Also schlägst du dich zurück durch das schon bekannte Latschengestrüpp, regenfeuchte Zweige peitschen dir das Gesicht, streifen den Hut vom Kopf, und bevor du seiner auf allen Vieren wieder habhaft wirst, bist du noch ein paar Mal auf den nassen Wurzeln ausgerutscht.

Endlich entdeckst du wieder eine knappe Andeutung von Tritt-

spur, findest dich unvermittelt auf einer weichen Wiesenmatte wieder, tausendfach bedeckt mit Bergaurikeln, Enzian, Soldanellen, die Sonne blinzelt durch die Wolken, die Wiese und du, ihr dampft vor Verdunstung – und gleich über euch das kleine, langgesuchte Felsenköpfl aus griffigem Kalk (1876 m)! Fünf Minuten später bist du oben und sicher, daß vor dir noch niemand hier gestanden hat, außer höchstens ein paar hundert solcher Narren wie du.
Hat jetzt jemand nach der Aussicht gefragt? Wie oft ist unsereiner schon auf einem Gipfel angekommen, eingetaucht in eine Nebelsuppe, wie man sie sich dicker nicht denken kann – und war zufrieden. Aussicht ist ein oberflächliches Bedürfnis, ein billiger Köder, ohne die man Auch-Bergsteiger mit Vollpension nur schwer von ihrem Frühstückstisch weglocken kann. Was unsereiner sucht, sind nicht Aussichten, sondern Tiefblicke, Einsichten. Die aber sind wetterunabhängig und von keinem Wolkenschleier zu vernebeln. Sie treten um so deutlicher hervor, je größer der Abstand zur Zivilisation samt Sonnenterrassen, Kurkapelle und Hallenwellenbädern wird. Ein Berg ist kein Ausguck. Was du nicht in dir hast, wirst du

auch mit dem Fernglas nicht sehen – und sei das Panorama noch so überwältigend!
Während des Abstiegs verschwimmen die eben noch präzisen Perspektiven. Die Einsichten, die uns in der Einsamkeit der Region 1800 so bedeutend erfüllt haben, zerrinnen ganz beim Anblick des Alpengasthofes »Edelweiß« mit Bus-Parkplatz, Kaffee und Kuchen.

Des Münchners wahrer Himmel

Vom Augustiner, Hirschgarten, Chinesischen Turm und anderen Biergärten

Ein tiefgrünes Dach von Kastanienbäumen auf hohen Stämmen wölbt sich über dem Platz. Lange Reihen von Tischen, grün lakkiert oder braun, Holzbänke und Wirtshausstühle, auf denen sie ihre Hintern wetzen: Alt und Jung, Arm und Reich, Bayer und Preuß'; unter den Sitzflächen Dackel und Dobermann. Auf den Tischen steht Maßkrug an Maßkrug, liegen Brezen, Radi, Schweinswürste mit und ohne Kraut von den nahen Selbstbedienungsstanderln. Die Tische auch als Picknickplätze. Dann sind blau oder rot, seltener gelb karierte Tischdecken aufgefaltet, Pfeffer- und Salzstreuer, Holzbrettchen und Besteck, manchmal sogar Servietten aufgelegt, die Bestandteile einer breit angelegten Brotzeit aufgefahren worden: Tomaten und harte Eier, rote Radieschen mit grünen Schwänzchen, Preßsack weiß und Preßsack schwarz, Leberkäs, Hirnwurst, Schweinsbraten kalt, Emmentaler, Miesbacher, Andechser, Weihenstephaner, Obatzter, und alles ballastreich unterfüttert mit Semmeln, Wecken, Fladen, Maurerloawe, selbst Leinsamen- und Knäckebrot sind schon gesichtet worden.

Ein buntes, kein grelles Bild. Warmer, weicher Halbschatten dämpft die knalligsten Farben. Kleine Bündel von Sonnenstrahlen, die einen Weg durchs dichte Gezweig gefunden haben, tanzen über das Laub, malen Muster in den Kies unter den Bäumen, irrlichtern schimmernd in den Wolken, die aus den Bratrosten aufsteigen, lassen Epidermis rosig und Gerstensaft bernsteinfarben erglühen. Was hätte Renoir, wäre er nicht auf Paris fixiert gewesen, hier für Motive finden können – »Le Moulin de la Galette« auf münchnerisch!

Bilder, an denen auch Ohren und Nase teilhaben dürfen. Gesumm, Gebrumm, Gelächter, vom grünen Gewölbe gedämpft, das vertrauliche »Blopp« aneinanderstoßender Krüge, dem der Kundige anhören kann, wie voll sie noch sind, die Schläge des hölzernen Schlegels, der den Zapfen ins 200-Liter-Faß treibt, hier und dort die tönenden Fetzen einer Blaskapelle oder Dixieland-Band, eines Kinderkarussells, einer Schiffsschaukelmusik. Der brandige Geruch der Holzkohle, würzig veredelt durch Steckerlfischdüfte, die sauren Dünste verschütteter Bierlachen, das Bukett von Kastanienblüte und Jasmin, bedrängt vom stechenden Odeur, den ein leiser Lufthauch vom Toilettentrakt herüberweht, und von der persönlichen Duftnote des unbekannten Nachbarn, der schon bei der dritten Maß angelangt ist und die erste auszuschwitzen beginnt...

Das ist des Münchners wahrer Himmel: Ein warmer Sommerabend – es gibt immer zu wenige auf der rauhen oberbayerischen Schotterebene, in manchem traurigen Jahr kaum zwanzig – im Biergarten, im Bierkeller! Der »Keller« als ein mit Kastanien oder Linden bestandener Freiraum im Grünen ist eine Spezialität, die man nur an der Isar und in einigen anderen Städten Altbayerns haben kann, eine historische Einrichtung, auf die wir gleich zurückkommen werden. Er hat einen anderen Untergrund als der Biergarten. Doch das ist mehr etwas für Höhlenforscher. Wer erst einmal hinter seinem Maßkrug am Tisch sitzt, wird Unterschiede kaum noch wahrnehmen.

Was soll's auch? Die Bierkeller der klassischen Art sind am Aussterben. Von den dreißig oder mehr, die es vor hundert Jahren in München gegeben hat, sind nur vier übriggeblieben: Der Augustiner- und der Löwenbräukeller, der Salvator- und der Hofbräukeller, letzterer bitte nicht zu verwechseln mit dem Hofbräuhaus! Die anderen alle sind planiert und saniert, betoniert und verspekuliert worden auf die bekannte Weise. Nun bangen die Münchner um die letzten Überlebenden, unter denen der Augustiner, als besonders gefährdet, immer wieder einmal in den Schlagzeilen der Lokal-

presse erscheint. Wie auch sollen finanzkräftige Investoren einsehen können, daß der umsatzschwere Platz nahe beim Hauptbahnhof die längste Zeit des Jahres kaum genutzt wird und sogar in den Sommermonaten oft leersteht? An hundertjährigen Kastanien ist halt nichts zu verdienen, selbst wenn die Maß Bier mittlerweile 6,50 Mark kostet. Ohne Musikaufschlag. Musik mag anderswo geduldet werden – nicht im Augustiner! An seiner Stelle hatte zuvor die öffentliche Richtstätte gestanden, das »Henkersbergl«, und da verbot sich laute Lustbarkeit. An solchen Traditionen wird eisern festgehalten. Dafür sorgen schon die Stammgäste an den vielen Stammtischen, die während einer Schönwetterperiode ihren Platz scheinbar nie verlassen, es sei denn zu den allernotdürftigsten Verrichtungen.
Zum Münchner Glück gibt es außerdem noch die Biergärten in weniger exponierten Lagen und deshalb mit besseren Überlebenschancen. Da ist der am »Chinesischen Turm«, eine bezaubernde Lichtung im Englischen Garten mit der Hauptattraktion einer fernöstlichen Pagode, die wie die Faust aufs Auge und deshalb so unvergleichlich gut nach München paßt. (Nach dem »Tscheinis Tauer« wird man auch schon mal am Marienplatz von einer Gruppe besichtigungsfleißiger Japaner gefragt.)
Da ist der »Aumeister« im Norden, auf den die Fernsehleute von Freimann und die Tennisspieler von Iphitos schwören, und der »Flaucher« in den südlichen Isarauen, in dem die Sendlinger und Giesinger garantiert unter sich sind. Da ist schließlich der »Hirschgarten«, in dem die Zecher aus den westlichen Stadtteilen zusammenströmen, mit 10000 Plätzen der größte in der Stadt. Und man täusche sich nicht: Bei Biergartenwetter ist auch der letzte Platz besetzt!
Wer annimmt, an den Wochenenden schwärme ganz München in die Umgebung aus, um sich direkt an den Busen der Natur zu lagern, fällt einer perspektivischen Verzerrung zum Opfer, die nur mit seinem Blickpunkt weit im Norden der Donau zu erklären ist. Wohl rollen endlose Autokolonnen aus der Stadt in alle südlichen Richtungen. Doch was man in den Bergen tapfer schwitzen und keuchen sieht, sind großenteils zugewanderte Preußen; was auf den Seen segelt und surft, ist häufig in den fränkischen Provinzen angesiedelt gewesen und erst auf dem Umweg über sichere Positionen in der Verwaltung zum Münchner geworden. In der Stadt hingegen bleibt eine hinreichend große Zahl von Altbajuwaren, denen Natur am willkommensten ist, wenn sie ihre gut eingeschenkte Maß freundlich grün umrahmt, und deren Naturliebe in

eine gefährliche Krise gerät, wenn ein Lindenblatt auf die makellos weiße Schaumhaube ihres Abendtrunks fällt.
Von dieser Sorte kommen an einem Schönwetterwochenende leicht an die 50 000 Naturfreunde in den Bierkellern und Biergärten der Stadt zusammen. Folge: Der allgemeine Münchner Bierpegel sinkt so beachtlich, daß die Direktoren der Großbrauereien am Montag morgen zuerst kräftig durchatmen müssen, bevor sie ihre Lastzüge mit den 200-Liter-»Hirschen« wieder auf die Reise schikken.
Worüber wird geredet in den Biergärten? Wenig über die aktuellen Kulturereignisse, obgleich auch Diskussionen über Ponelles Neuinszenierung von Alban Bergs »Lulu« schon vernommen worden sind. Über Politik nur insoweit, als sie skandalisiert und personalisiert werden kann, zum Beispiel in der Person des Landesvaters, der in jedem Biergarten ein paar Doubles sitzen hat! Am liebsten über das, was in den Zeitungen unter »Vermischtes aus aller Welt« zusammengetragen wird. Es ist so angenehm unverbindlich und oft auch weit entfernt.
Agitatoren, Missionierer, Systemveränderer finden unter den Kastanien keinen fruchtbaren Boden. Wer sein Bier im Grünen trinkt, ist nicht kämpferisch gesinnt, will sich nicht ereifern. Ungeachtet aller ins grüne Gewölbe aufsteigenden Dünste und Schwaden mischt sich ständig eine gute Dosis unverbrauchter Luft unter die Menge und verhindert, daß Streitsucht blitzartig in bierschwere Schädel fährt. Um Schlägereien zu provozieren, gar eine Revolution auszurufen, muß man in die Bierhallen gehen, nicht in die Biergärten; das hat leider Hitler schon gewußt.
Angefangen hat es mit dem Münchner Kellerleben vor rund zweihundert Jahren. Allerdings schweigen die Quellen darüber, wann der erste Bierkeller in einen Isarhang gebohrt, die erste frische Maß »auf dem Keller« ausgeschenkt worden ist. Vielleicht hilft uns bei der Datierung ein Zitat aus der dramatischen Literatur der Frühklassik weiter:

»Nach Burgdorf kommt herauf, gewiß dort findet ihr
Die schönsten Mädchen und das beste Bier,
Und Händel von der ersten Sorte.« (Goethe, Faust I.)

Wahrscheinlich hat der Autor bei der Niederschrift des »Osterspaziergangs« Leipzig im Sinn gehabt, vielleicht Frankfurt, sicher nicht München. Doch eine ähnliche Situation könnte man sich auch an der Isar vorstellen. Eine Textanalyse, bezogen auf die Entwicklung des Brauereiwesens im damaligen Deutschen Reich führt zu der Fragestellung: Warum können und warum wollen die Leute ihr

Bier in Burgdorf trinken, wenn dieses doch in der Stadt gebraut wird, wo an Schänken kein Mangel ist? Die Antwort fällt leicht: Erstens weil die Brauerei ihr junges Bier in den dortigen Keller ausgelagert hat, wo es bei kühler Temperatur nachgären soll. Zweitens weil man sich durch einen Spaziergang Bewegung und durch Bewegung Durst machen möchte, und weil man den Trunk im Grünen als besonders erquickend schätzt!

Den »Osterspaziergang« hat Goethe kurz vor 1800 geschrieben. Um diese Zeit muß es also bereits Bierkeller mit eigenem Ausschank außerhalb der Städte gegeben haben. Mein bierkundiger Gewährsmann, Direktor in einer angesehenen Münchner Brauerei, reagiert zwar skeptisch auf den Versuch, »Faust I.« zur Bierkellerforschung heranzuziehen, muß aber bestätigen, daß die erzielten Resultate viel für sich haben. Der von seiner Brauerei unterhaltene Augustinerkeller ist in Dokumenten des Jahres 1812 nachgewiesen, wahrscheinlich aber ein paar Jahrzehnte älter. Es wird vermutet, daß die Münchner Brauereien um die Mitte des 18. Jahrhunderts mit der Anlage von Bierkellern begonnen haben.

Warum? In der guten alten Zeit, als der Sommer noch eine heiße Jahreszeit gewesen ist, es aber noch keine Kühlhäuser gab, ist Bier in Bayern vorwiegend im Winterhalbjahr gebraut worden, »zwischen Michaeli und Georgi«, wenn die Natur für niedrige Temperaturen sorgte. Der richtige Bierdurst aber stellt sich, nicht nur in Bayern, erst im Sommer ein. Die Brauer mußten also einen Weg finden, ihr Winterbier in den Sommer hinüberzuretten, wollten sie es nicht als »Sauerbier« zu Schleuderpreisen feilbieten. So sind sie auf die Idee gekommen, Kellerhöhlen in die Isarhänge außerhalb der Stadtmauern zu bohren.

Dort konnten sie nun ihr Jungbier bei einer konstanten Temperatur von 1 Grad Celsius in aller Ruhe lagern, es nachgären und sich klären, also reifen lassen. Im Juni war es dann so weit: Der Braumeister nahm die erste Kostprobe vor. Weil aber der Mensch irren kann, ließ er sich dabei von sachverständigen Freunden unterstützen, die sich gern bereit erklärt hatten, Güte und Bekömmlichkeit des frischen Gebräus gewissenhaft zu prüfen. So kam es, daß sich von Jahr zu Jahr mehr Freunde zur Bierprobe um den Braumeister scharten, auch solche, die er vorher nie gesehen hatte.

Die Brauer damals haben das Geld nicht weniger gern gehabt als ihre Nachfahren heute. Vom Freibier als Dauereinrichtung hielten sie wenig. Sie beschlossen, die Beliebtheit eines Umtrunks im Freien in klingende Münze umzusetzen und schenkten fortan ihr Bier »auf dem Keller« an jedermann aus. Bald gehörte es im bie-

dermeierlichen München zum festen Sommerprogramm, an schönen Abenden mit Kind und Kegel vor die Stadt zu wandern und seine Maß – oder mehrere – unter den Laubbäumen zu genießen, die von den Brauern zwecks zusätzlicher Kühlhaltung der Lagerkeller angepflanzt worden waren.
Die kleinen Brauereien, die sich keinen eigenen Keller leisten konnten, jammerten laut über die Bevorzugung der großen, und der öffentliche Kellerausschank wurde wieder eingestellt. Doch der Gegenprotest der durstenden und naturliebenden Volksseele war so gewaltig, daß das Verbot eilends wieder aufgehoben werden mußte. Kein Geringerer als König Ludwig I. verfügte durch eigenhändige Unterschrift, daß es den Brauern erlaubt sei, während der Sommermonate auf den Kellern »Gäste zu setzen und Bier zu verschleißen« – mit zwei Einschränkungen: Es durfte kein anderes Getränk als Bier verabreicht werden. Und es war nicht gestattet Speisen anzubieten, um den Wirten in der Stadt keine Konkurrenz zu machen!
Als Rahmenbedingungen gelten beide Regeln heute noch, auch ohne königliches Gebot. Wer im Biergarten Limonade oder gar ein Glas Milch bestellt, muß sich auf eine herbe Abfuhr durch die Bedienung gefaßt machen: »Mögen S' vielleicht a Spielsach' aa dazua?« Und wer seine eigene Brotzeit mitbringt, wird von keinem Kellerkundigen für einen Knicker gehalten, sondern gilt selbstverständlich als Lebenskünstler von hohen Graden.
Das 19. Jahrhundert wurde zum großen Jahrhundert der Biertrinker in Bayern. Ganze Ströme schäumenden Bieres, so sieht es aus, sind damals durch das Land geflossen. Schon um 1860 sotten 5600 Brauereien für 3,7 Millionen – mehr Bier für ein Volk als irgendwann und irgendwo sonst auf der Erde! Das Brauereigewerbe war der bedeutendste Produktionszweig im Königreich, die Biersteuer brachte dem Fiskus ein Sechstel seiner Staatseinnahmen, und die Immobilien, die damals von den Brauereien zusammengekauft worden sind, müssen heute noch zu den Dividenden-Zahlungen an die Aktionäre beisteuern. Denn am Bier selbst ist nicht mehr viel zu verdienen.
Entsprechend stolz war der Gang, mit dem die Brauherren, die Wagner, Sedlmayr, Pschorr und manche andere, daherkamen. Sie trugen die dicksten Bäuche, wie der Volksmund ihnen nachsagte, bewohnten die feinsten Villen und fuhren die kostbarsten Pferdegespanne.
Von Joseph Pschorr wird berichtet, daß er zur Inspizierung seines Kellers sechsspännig zum einen Tor hinein und zum anderen Tor

wieder herausgefahren ist. Das Bauwerk, das er auf seinem Bierkeller errichten ließ, wurde von den Münchnern aus gutem Grund »Bierfestung« genannt. Das Münchner Kellerleben aber galt auch außerhalb Bayerns als Inbegriff von Gemütlichkeit und Liberalität. Durchreisende notierten voller Verwunderung, daß Standesunterschiede am Biertisch nicht zu bemerken seien, daß der Professor neben dem Handwerker, der hohe Ministerialbeamte neben dem Kaufmannscommis sitze. Überhaupt zeichneten sich Nichtbayern als begeisterte Propagandisten der bajuwarischen Bierkultur aus, ob Heinrich Heine, Gottfried Keller, August Lewald oder Paul Heyse. Der in Berlin geborene Hofdichter König Maximilians II. und spätere Nobelpreisträger für Literatur fühlte sich durch einen festlichen Maibockanstich zu schwärmerischen Versen inspiriert, die wir aber nicht ihrer wohlverdienten Vergessenheit entreißen. Den Nobelpreis hat Heyse, das ist beruhigend zu wissen, nicht für solche Verse bekommen, sondern für seine Novellen. Die Münchner waren auch nicht darauf angewiesen, daß ein Poet aus Preußen den Ruhm ihres Bieres in alle Welt hinausposaunte. Wichtiger als die »kolossale Aussicht ins Jebirje«, an der sich durchreisende Sommerfrischler auf der Schwanthaler Höh' endlos begeistern konnten, war ihnen allemal eine frische Maß, gut eingeschenkt und wohltemperiert.

Musikalische Unterhaltung als Beigabe zu Bier und Brotzeit ließen sie sich immerhin gern gefallen. Selbst dem technischen Fortschritt, wenn er nicht gar zu stürmisch Einlaß begehrte, gaben sie eine Chance. Zum Stadtgespräch wurde der Münchner-Kindl-Keller, wo ein Pionier der elektrischen Technik erstmals mit 4000 farbigen Glühbirnen eine »feenhafte Beleuchtung« erzeugt. Und als Sensation galten Anfang dieses Jahrhunderts die kinematographischen Vorführungen auf dem Keller, zum Beispiel mit »Aufnahmen vom Bürgerkrieg in Marokko« oder »Bildern von den Manövern der k. k. österreichischen Armee«.

Wer damit konkurrieren wollte, mußte sich schon etwas einfallen lassen. Den größten Erfolg hat wohl der Biergarten Alte Schießstätte mit seinem Sommerprogramm 1909 erzielt: »Der Torero und Gladiator Chevalier Ettore Tiberio ringt jeden Abend mit einem Stier der Wurstfabrik Sieber!«

Schaukämpfe dieser und anderer Art bekommt man heute vom Fernsehen vorgeführt. Wer im Biergarten sitzt, will nicht mehr unterhalten und schon gar nicht informiert werden. Wer im Biergarten sitzt, will in angenehmer Gesellschaft seine Maß trinken und dabei von der Natur nicht abgelenkt, aber doch sanft gestreichelt werden.

Nur »Tristan« ist hier geschwommen

Die Soiernseen im Vorkarwendel

Fast hätte sich doch ein bedauerlicher Flüchtigkeitsfehler eingeschlichen, und eine Rüge der Berchtesgadener, der Allgäuer wäre fällig gewesen. Denn der Funtensee im Steinernen Meer (1600 m) und der Seealpsee am Nebelhorn (1628 m) liegen noch ein paar Meter über den beiden Soiernseen, deren durchschnittliche Höhe über dem Meeresspiegel mit 1560 m angegeben wird und die somit nur den dritten Rang unter Deutschlands höchsten Bergseen einnehmen. Auch mit den Garmisch-Partenkirchnern wäre noch darüber zu rechten, ob ihr Stuibensee (1950 m) seinen Namen wirklich verdient oder eben nur ein Gumpen, also Wasserloch ist.
Geographische und statistische Daten kann man akzeptieren. Man muß sie aber nicht verinnerlichen. Auch wenn sie keine Höhenrekorde halten, sind mir die Soiernseen besonders ans Herz gewachsen, und das aus dreifachem Grunde.

Erstens: Sie taugen nicht zum Wassersport! Wer zu ihnen will, dem bleibt nichts übrig, als sich auf die Beine zu machen und stramm zu gehen. Vier Stunden braucht man vom Talort Krün auf dem ausholenden Weg über Fischbachalm und Lakaiensteig. Der abwechslungsreichere Zugang über die Seinsköpfe, die »Direttissima«, dauert noch länger. So kommt es, daß die Seeufer nie von einem Auto aufgeschreckt, geschweige von einem der Millionen Schwachsinnigen beschmutzt werden, die ihre Blechkarosse mit naturreinem Seewasser zu reinigen pflegen. Schon ein Fahrrad wäre hier ein exotischer Anblick!
Und man stelle sich vor: kein Motorboot, kein Schlauchboot mit Outborder, kein Tretboot, keine Luftmatratze hat je den Wasserspiegel trüben dürfen, kein Schnorchler geschnüffelt, kein Taucher die Tiefe aufgestört! Nicht einmal die Surfer, die sich doch sonst in jeder Pfütze muskelprotzend breitmachen, haben die Seen zur Trimmstrecke entwürdigt – wer möchte auch, Gott sei's gedankt, sein Surfbrett samt Segel vier Stunden lang durch die Bergwelt schleppen?
Jahrtausende hat die Menschheit ohne die Wahnvorstellung überlebt, wo ein See sei, müsse auch geplantscht und geprustet, gespritzt und geschrien werden können. Erst seit höchstens zwei Generationen – eine winzige Spanne im Lauf der Evolution – ist der Badezwang virulent geworden. Die Soiernseen haben Eis bis in den Juni hinein. Das bewahrt sie vor Temperaturen, auf die der deutsche Badeplantscher Anspruch zu haben glaubt. Resi Rüth, die frühere Wirtin vom Soiernhaus, die so herrliche Apfelstrudel gebacken (und nicht verkauft, sondern meistens verschenkt hat, weil sie einen kostendeckenden Preis nicht verlangen mochte), Resi Rüth hat allerdings ausgesagt, daß sie in jungen Jahren öfter im oberen See geschwommen habe, weil das flache Wasser in Ufernähe nicht so kalt sei wie man meine.
Ich gebe weiter, was ich gehört habe. Ich meinerseits habe nie, weder im unteren noch im oberen See gebadet. Doch am Ende einer Bergtour hänge ich gern meine Beine ins Seewasser, bis zum unteren Knierand etwa, kühle mit sanft streichenden Bewegungen Druckstellen und etwaige Blasen an den Füßen und fühle mich köstlich-prickelnd erfrischt, wie nach einem Bad in perlendem Champagner, um einen naheliegenden Vergleich zu wählen. Die Schweißtropfen, die bei dieser Gelegenheit ins Wasser rinnen, dürften dem an Mineralsalzen noch armen Bergsee substanziell zum Vorteil gereichen, und vielleicht sogar geschmacklich.

Wenig einzuwenden wäre gegen einige Angler an den Seeufern; Angler sind keine Wassersportler. Doch an angelbaren Fischen fehlt's im Revier. Von einer Versuchsanstalt sind einmal Forellen eingesetzt worden, haben sich aber nicht recht entwickeln können. Dafür sieht man Schwärme von schnellen kleinen Fischen, die der Wirt vom Soiernhaus für Elritzen hält, was ich aber nur ungeprüft weitergeben kann.
Naturwissenschaftliche Erkenntnisse über die Seen liegen auch sonst nur spärlich vor. Die größte Entfernung von Ufer zu Ufer dürfte 250 Meter betragen, die größte Tiefe 30 Meter. Entstehungszeit: postglazial; die Annahme eiszeitlicher Ursachen kann in den Nördlichen Kalkalpen nie ganz verkehrt sein. Nur der untere See hat einen sichtbaren Zufluß, einen kleinen Wasserfall, der sich in den Flanken der Soiernschneid sammelt. Sein Abfluß ist unterirdisch und tritt als weiterer Wasserfall unterhalb der Gesteinsstufe zutage, die den Kessel nach Norden begrenzt. Die Seeufer sind steinig und moosig. Stellenweise dringen Latschen bis ans Wasser vor, an feuchten Plätzen blühen Sumpfdotterblumen. Die Seen sind sauberer, als die bayerische Wassergüteklasse I vorsieht. Reinheit von so hohen Graden scheint auf dem Verwaltungswege nicht mehr exakt meßbar zu sein.
Zweitens: Die Erinnerungen. Die erste »Hochtour« meines Lebens führte den Achtjährigen auf die Schöttlkarspitze, den meistbestiegenen Gipfel in den Soiern, mit Gipfelkreuz und Gipfelbuch. Fünf Stunden ab Krün, »Führer für Geübte entbehrlich« (Baedeker 1935). Am späten Nachmittag standen wir oben, mein Vater zeigte mir, was Rang und Namen hatte in der Umgebung: Zugspitze, Dreitorspitze, Karwendelspitze, die Stubaier. Und dann, im warmen Licht der sinkenden Sonne, das Inwendige des Kessels, das Soiernhaus und die Seen, moosgrün mit hellen Rändern, umrahmt von Schrofen und Karen, in denen Gemsen herumstiegen.
So habe ich sie noch oft gesehen in den Jahrzehnten, die folgten. Ich schaute herab zu ihnen von meinen Gipfeln und Graten, sie schauten herauf zu mir, unbewegt, eindringlich und seltsam anziehend. An Hardenberg-Novalis mußte ich denken: »Nach innen führt der Weg«, und an Empedokles, der sich verzweifelt in den Krater des Ätna gestürzt hatte. Doch verzweifelt war ich nicht, sondern ungewöhnlich wunschlos, vielleicht sogar glücklich.
Am stärksten wirkt die Anziehung von unten her, wenn Wolken sich in den Kessel schieben, auf- und absteigen und, wie es aussieht, zu brodeln beginnen. Dann setze ich mich fest an einem sicheren Platz unterhalb der Gipfel und Grate, ziehe mir etwas Warmes an

und warte, ob die Nebelfetzen zerreißen und die Seeaugen wieder durchscheinen, und sei es für Sekunden, hellgrün, moosgrün, schwarzviolett oder grau bei Gewitter. Mir wird die Zeit nicht lang.
Drittens: Das königliche Hofjagdgebiet. Während sich über Deutschland die dunklen Wolken des preußisch-österreichischen »Bruderkrieges« zusammenzogen, in den ersten Monaten des Jahres 1866 also, gab Ludwig II. Anweisung, ein Jagdhaus im Soiernkessel für ihn zu bauen. Bayerns junger König verabscheute zwar das Waidwerk. In seiner Gegenwart, so erinnert sich der Försterssohn Ludwig Thoma aus dem Forsthaus in Vorderriß, durfte kein Schuß fallen. »Er wollte sich Tod und Vernichtung nicht in diesen Frieden hineindenken...« Ludwig wünschte vielmehr ein Refugium in den Bergen, in das er sich zurückziehen konnte, wenn ihn das Leiden am eitlen und selbstgerechten Treiben der Hofgesellschaft aus München vertrieb. (Vergleiche hierzu auch das Kapitel „König Ludwigs heimliche Residenzen", Seite 130!)

Einsam sollte seine »heimliche Residenz« sein, aber einigermaßen komfortabel auch. Und so erhielt das Jagdhaus an den Soiernseen Teppiche, Papiertapeten und einen Aussichtsturm, von dem aus der König seine Berge betrachten konnte. Zur Schöttlkarspitze wurde ein Reitweg angelegt und auf dem Gipfel ein geschlossener Pavillon errichtet. Auch der »Lakaiensteig« ist damals in den Fels geschlagen worden, zur schnelleren Versorgung mit alledem, was Ludwigs kleiner Hofstaat in der Einsamkeit brauchte.
Als Achtjähriger, meinen Märchenbüchern noch nahe, wußte ich genau, wie es damals zugegangen war: Bedienstete in schwarzweiß gestreiften Westen und wohlbeleibte Köche mit hohen Mützen eilten, einer hinter dem anderen, über den Steig, runde Schüsseln, aus denen verheißungsvoller Dampf aufstieg, Platten mit Gesottenem und Gebratenem, Pudding und Napfkuchen vor sich her tragend, um dem König, der in seinem Soiernhaus einsam an der Tafel saß, herrliche Speisen zu bringen. Denn fürwahr, bei Ludwig II. war nichts unvorstellbar. Nicht einmal das geheimnisvolle Boot aus schwarz lackiertem Holz mit dem roten Segel. »Tristan« hatte der König es getauft und im unteren See einsetzen lassen, aber nie bestiegen: Das einzige Wasserfahrzeug, das bis heute hier oben gesehen worden ist!
Frischfröhliches Waidmannsleben ist erst mit dem Prinzregenten Luitpold in die Soiern eingezogen. Luitpold, ein gewaltiger Nimrod vor dem Herrn, setzte aber nicht allein den Gemsrudeln im Kessel zu, sondern auch der Hofgesellschaft, die ihn vielköpfig als Minister, Kammerherren, Generäle und sogar Maler-Professoren begleitete. Denn er war ein rüstiger Regent und schätzte lange Bergmärsche ebenso wie erfrischende Bäder in kalten Gebirgsseen. Auf beiden Wegen sah die Jagdgesellschaft sich genötigt, ihrem Souverän zu folgen, hier schwitzend auf steilen Pfaden, dort zitternd im eisigen Wasser!
Bei einer solchen Gelegenheit ist dann das Unvorstellbare geschehen, das die versammelten Hofwürdenträger in ratlose Pein versetzt hat: Der Prinzregent, vom Bade erfrischt dem See entstiegen, versäumte es, seine Kleider vollständig zu ordnen; Knöpfe an delikater Stelle blieben unverschlossen, und jedermann konnte es sehen, nur Luitpold nicht. Denn der Blickwinkel, wie jedermann weiß, ist für solche Einsichten äußerst ungünstig. Entschlossenes Handeln war geboten. Schon rüstete die Gesellschaft sich zum Abstieg ins Tal, eine ländliche Delegation wurde erwartet, mit vier weißgekleideten Ehrenjungfrauen an der Spitze – und die Majestät in derart derangiertem Zustand...

Nachdem Kultusminister und Zeremonienmeister sich feige für nicht zuständig erklärt hatten, faßte der Rangunterste, ein Revierförster, sich ein Herz, trat respektvoll vor seinen Souverän hin, zog den Hut, räusperte sich noch einmal und sprach, symbolisch an seiner buntbestickten schwarzen »Kurzledernen« nestelnd: »Entschuldigen S' schon, Königliche Hoheit, wie waars, wenn wir beide jetzt unsere Hosentürln zumachaten?« Der Prinzregent schmunzelte feinsinnig, legte ohne zu zögern letzte Hand an seine Garderobe und spendierte dem mutigen Revierförster, unter allseits befreitem Aufatmen, eine seiner berühmten Zigarren.
Der Vorgang bleibt in der Familienchronik des Hauses Wittelsbach unerwähnt. Der Ort der Handlung ist daher nicht aktenkundig. Es kann nur an den Soiernseen gewesen sein!

Bayerns meistbesungener Berg

Der Wendelstein

Aus der Nähe betrachtet schaut der Wendelstein-Gipfel schaurig aus: Zugebaut bis obenhin, mit Beton verkleistert, mit touristischen und technischen Einrichtungen (Wetterstation, Sonnenobservatorium, Sternwarte, Sendestationen für UKW-Radio und Fernsehen) vollgestellt bis zum Gehtnichtmehr. Das über hundert Jahre alte Gipfelkreuz und die winzige Wendelinkapelle – anno 1718 vom Sixtenbauern in Bayrischzell zum Dank für das Wiederauffinden seiner Rösser errichtet – stehen zwischen allen diesen Installationen herum wie verschüchterte Boten einer überholten Zeit, und ihr einziges Bestreben scheint es zu sein, nicht aufzufallen.
Der Wendelinkapelle verdanke ich eine unvergeßliche Nacht. Mit der Zahnradbahn bin ich von Brannenburg-Degerndorf heraufgekommen. Ende Juli war's, heiß war's, voll war's – richtig zuwider, aber wenigstens schon 4 Uhr nachmittags. Von der Bergstation aus bin ich auf dem Fußweg, den sie in die Felsen gehauen und mit Geländern so gesichert haben, daß auch der größte Depp nicht hinunterfallen kann, zum Gipfel aufgestiegen, eine gute Viertelstunde. Oben war es auch nicht viel besser. Doch gegen 5 Uhr, vor der Talfahrt der letzten Bahnen, ist es allmählich leer und still geworden; das war einkalkuliert. Und auf einmal bin ich der Einzige gewesen auf dem Wendelstein. Ich habe mir notiert:

Das Wetter ist undurchsichtig. Wolkenfetzen hängen um den Gipfel, steigen und fallen. Manchmal blitzt der blaue Himmel durch, wirft die Sonne flüchtig wandernde Schatten. Fernblick null. Aber weit unten tauchen in den Wolkenintervallen lichtgrüne, mit Kühen besprenkelte Almwiesen auf. Glockengeläut steigt in die Höhe und wärmt das Gemüt. Der Wendelstein ist immer noch ein sehr oberbayerischer Berg.

Der Meteorologe, der wochenweise seinen Dienst in der Wetterstation macht, setzt sich zu mir, nachdem er seine Instrumente abgelesen hat, und wir erzählen uns was. Er ist gern hier oben, denn er ist gern allein – aber auch mitteilsam, wenn er interessierte Zuhörer hat. Er verspricht mir, daß die Wolken verschwinden werden, sobald die Sonne untergeht und es kühler zu werden beginnt. Genauso ist es dann gekommen.

Ich will über Nacht oben bleiben, vielleicht in den schützenden Mulden zwischen den Latschenfeldern am Ostgipfel; den Schlafsack habe ich bei mir. Warum gehen Sie nicht in die Kapelle? fragt der Meteorologe. Da ist gerade Platz für einen wie Sie, und draußen wird es morgen früh feucht werden. Unterdessen ist die Sonne schon tief gesunken, und nun wird es ganz schnell klar. Auf allen Seiten kommen die Nachbarberge heraus, die Tegernseer und Schlierseer auf der einen, die Chiemgauer auf der anderen Seite. Die Dämmerung zieht herauf. Die Felsmauern des Wilden Kaisers erglühen lilarot, und zuletzt fangen noch die Tauerngletscher um den Großvenediger zu leuchten an. Da liegt Bayrischzell tief unter uns schon ganz im Dunklen.

Im Westen – etwa zwischen Hohem Peißenberg und München – hält sich noch lange ein schmaler heller Schein. Es ist schon zehn Uhr vorbei, und der Meteorologe verabschiedet sich. Ich folge seinem Kapellen-Tip und breite meine Luftmatratze vor dem Altar aus. Die Tür lasse ich auf, so daß ich hinaus- und hinaufschauen kann in den Nachthimmel, an dem zehnmal mehr Sterne funkeln, als in der Ebene zu sehen sind, Sternschnuppen und Satelliten außerdem. Ich möchte noch gar nicht einschlafen, aber die Augen fallen mir von selbst zu.

Sankt Wendelin hat anscheinend nichts dagegen, daß ich in seiner Kapelle biwakiere, und dabei bin ich Protestant. Die nächtlich wiederkäuenden Kühe auf den Almen läuten in meinen Schlaf hinein, und ich wache erst auf, als es schon wieder hell wird. So lange bin ich noch nie in einem Gotteshaus geblieben, und selten habe ich eines so an Leib und Seele gestärkt verlassen. Ein wolkenloser Morgen, ein Sonnenaufgang, der viel zu schnell vorüber ist, und

ein karges Frühstück. Aber das läßt sich nachholen, und ich weiß auch schon wo: Auf der Reindl-Alm!

Weit und breit ist keine Menschenseele zu sehen. Auch der Meteorologe läßt sich nicht blicken; wahrscheinlich muß er jetzt seine Morgenmeldungen durchgeben. Ich schultere meinen Rucksack und ziehe los. Vier Stunden Zeit habe ich mindestens noch zum einsamen Herumlaufen im Wendelstein-»Gebirge«. Dann kommen sie wieder herauf mit den Bahnen...

Die Gipfel am Alpenrand stehen dem bayerischen Herzen am nächsten, und das nicht nur geographisch. Herzogstand und Benediktenwand, Brecherspitz und Bodenschneid, Hochgern und Kampenwand: Alle haben sie ihre eigene Mythologie, sind sie immer wieder beschrieben und besungen worden. Doch über alle erhebt sich der Wendelstein – nicht, weil er zufällig ein paar Meter höher ist als die anderen, sondern als der markanteste unter ihnen, eine weithin sichtbare, beherrschende Gestalt im Voralpenland.

Vielleicht ist er sogar einmal der stolzeste Gipfel des ganzen Bayernlandes gewesen. Die heutigen Renommierberge der bayerischen Alpen standen nämlich außerhalb der ehemals herzoglichen und kurfürstlichen Grenzen: Das Wettersteingebirge mitsamt der Zugspitze gehörte zur Grafschaft Werdenfels und die wiederum zum Bistum Freising. Der Watzmann nebst Hochkalter und Hohem Göll erhob sich auf dem Territorium der Fürstpröbste von Berchtesgaden. Das Hochallgäu um Oberstdorf schließlich – mit Widderstein und Biberkopf, Mädelegabel und Hochvogel – wurde von den Augsburger Fürstbischöfen regiert. Alpin gesehen war Baiern bis zum Beginn des 19. Jahrhunderts – Verzeihung für das harte Wort – eher eine Art Mittelgebirgsland. Seine Erhebung zum Alpenland der Zwei- bis Fast-Dreitausender verdankt es wie die zum Königreich niemand anderem als dem Ersten Konsul Napoleon Bonaparte und der durch diesen veranlaßten Säkularisation!

In den Tälern rund um den Wendelstein lebt eine besonders melodiebegabte, sangesfreudige Rasse. In Bayrischzell, Geitau, Fischbachau hat man immer schon gern Musik gemacht und nicht erst, als die Touristen gekommen sind, denen etwas vorgezithert und vorgejodelt werden mußte. Davon hat der Wendelstein natürlich eine ganze Menge abbekommen, wofür wir ein herzbewegendes Zeugnis aus der guten alten Zeit haben. Die war in diesem Fall das Jahr 1858, als König Maximilian von Bayern zu Fuß von Lindau nach Berchtesgaden unterwegs war, um sein Land besser kennenzulernen. In seinem Gefolge wanderten mit der Dichter Friedrich Bodenstedt und der Volkskundler Wilhelm Heinrich Riehl. Die bei-

den prominenten »Nordlichter« am Münchner Hof haben aufgeschrieben, wie es auf der Queralpentour zugegangen ist, so auch in Bayrischzell und am Wendelstein:

»Am Morgen des 14. Juli brachen wir früh nach Bairisch-Zell auf, um von dort aus den Wendelstein zu besteigen, wozu das Wetter sich günstig anließ. Der alte Schulze des freundlichen Alpendörfchens diente uns als Führer den nahezu 6000 Fuß hohen Berg hinan, und Se. Majestät unterhielt sich auf das Freundlichste mit ihm.

Auf die oberste Felskuppe des Wendelsteins führten zwei Wege: der sogenannte ›sichere Weg‹, ein Damenpfad, der sich in weitem Bogen ziemlich langweilig an der Ostseite hinaufwindet, und der ›gefährliche Weg‹, ein echter Jägerpfad, der geradeaus steil die abfallende westliche Wand hinansteigt und in seinem damaligen Zustand ein schwindelfreies Auge und einen festen Fuß forderte. Den letzten schlugen wir ein. Zwei unserer Freunde konnten die schlimmste Stelle nur überwinden, indem sie sich an den seitwärts vorgestreckten Bergstöcken der Führer wie an einem Geländer festhielten. Der König schritt als unser eigentlicher Führer ganz frei und sicher allen voran. Wir hatten aber den gefährlichen Weg eingeschlagen, ohne ihm dies zu sagen, und er glaubte, es sei der sichere Weg. Als wir nun glücklich oben waren und ihm entdeckten, daß wir den gefährlichen Weg hinaufgestiegen seien, rief er ganz ehrlich: ›Hätten Sie mir's voraus gesagt, dann wäre ich den sicheren Weg gegangen.‹

Die herzerfreuenden Klänge der Wendelsteinlieder begleiteten uns bei der Besteigung in einer wahrhaft poetischen Weise. So oft der König nach anstrengendem Emporklimmen ein paar Minuten rastete, scholl uns von weiblichen, metallreichen und wohlgeschulten Stimmen das Lied vom Wendelstein in den Ohren, bald von unten herauf, bald von oben herunter, bald von der Seite her, ohne daß von den Sängerinnen eine Spur zu entdecken war. Wenn der Schulze nach der versteckten Ursache dieser holden Wirkung gefragt wurde, so lachte er geheimnisvoll. War doch die eine der beiden Sängerinnen seine Tochter, und was für eine Tochter! Er hatte ein Recht, stolz darauf zu sein.

Auf der Hochalm waren außer dem Küchenpersonal, welches die Zurüstungen zum bevorstehenden Diner traf, eine Menge Menschen aus Bairisch-Zell versammelt, und darunter, neben anderen hübschen Mädchen, auch die beiden geheimnisvollen Sängerinnen. Das waren ein paar Hochlandstöchter, wie man sie sich nicht schöner vorstellen konnte, fest und schlank gebaut, voll sittiger Unbefangenheit in ihrem Auftreten.

Höher als bis zur Hochalm waren sie nicht mitgestiegen, weil sie oben sich nicht hätten verbergen können, aber sie hatten ihre Lieder emporgejubelt aus dem letzten Felsenversteck, bis wir oben waren. Eine Sennerin brachte die erbetene Milch. Der Küchenmeister, dies bemerkend, fragte, ob uns ein Glas kühlen Champagners nicht besser bekommen würde, nach der Anstrengung. Ich fand diesen Vorschlag der Lage angemessen. ›Habt ihr schon einmal Champagner getrunken?‹ fragte der General (von der Tann) die beiden Sängerinnen. Das perlende Getränk war diesen völlig unbekannt. ›Dann müßt ihr ein Glas mit uns trinken!‹ sagte der General. Sie gingen mit einer Unbefangenheit darauf ein, als ob man ihnen ein Glas Milch angeboten hätte, und bald saßen wir zusammen an einem Tische mit einer in Eis gestellten Flasche vor uns. Als wir eben in der besten Unterhaltung begriffen waren, kam der König und trug noch dazu bei, die gute Stimmung zu erhöhen.

Es war mir interessant zu beobachten, wie natürlich, taktvoll und ungezwungen die beiden schönen Mädchen sich Sr. Majestät gegenüber benahmen. Man sah ihnen die Freude an, ihren König und Herren unter so günstigen Umständen kennen zu lernen und von ihm so freundliche Worte über ihren Gesang zu hören, aber weder in ihren Worten noch Gebärden zeigt sich eine Spur von Verlegenheit. Sie trugen ganz das Gepräge der angeborenen Vornehmheit, wovon das Hochland etwas den meisten seiner Kinder mit ins Leben gibt.

Als die Tafel unter den Augen des alten erfahrenen Küchenmeisters (Rottenhöfer) sorgfältig gedeckt war, mochte mehr als einem der Gedanke aufsteigen, daß wohl nie ein Königsgelage in allen Prunkpalästen der Welt des Herrlichen so viel geboten wie dieses auf der grünen Hochalm des Wendelsteins. Die Tafel war so gestellt, daß der König den schönsten Ausblick ins Freie hatte. Zur Linken und zur Rechten von Sr. Majestät saßen die beiden schönen Mädchen aus Bairisch Zell. Man hätte glauben können, ein paar als Landmädchen verkleidete Prinzessinnen vor sich zu sehen, wenn dem die urwüchsige, frische Erscheinung nicht widersprochen haben würde.

Der Tag endete so schön wie er begonnen hatte. Der Abstieg vom Wendelstein war in der kühlen Abendluft noch erfreulicher, als der Aufstieg am heißen Morgen gewesen war. Der ganze Berg schien belebt, es jauchzte und jodelte von allen Seiten, aber nicht wild durcheinander, sondern immer wie Gruß und Gegengruß. Was uns von den jungen Burschen, die sich oben auch einen guten Tag

gemacht hatten, zu Augen kam, ging nicht, sondern tanzte jubelnd den Berg hinunter.
Als es dunkler wurde, fanden sich Fackelträger, welche dem Könige voranleuchteten, mit ihren Fackeln ein großes ›M‹ bildend. An einer Stelle wurde Halt gemacht, um mit Gesang, Zurufen und Stutzenschüssen ein seltenes Echo aus seinem Schlaf zu wecken, und der Widerhall klang feierlich durch die zauberische Nacht. So kamen wir wie durch lauter Zauberei um zehn Uhr abends glücklich am Fuß des Wendelsteins an, wo es von Menschen wimmelte und von Fackeln glänzte.«
Die Besteigung des Wendelsteins samt Rahmenprogramm im – den Quellen zufolge regenreichen – Sommer 1858 wurde zum Höhepunkt (auch nach Höhenmetern) der denkwürdigen »Fußreise Seiner Majestät« quer durch die bayerischen Alpen. Die Bayrischzeller aber konnten mit dem Erfolg ihrer so gelungenen audio-visuellen Inszenierung zufrieden sein. Ihr vom König sichtbar ausgezeichneter Hausberg wurde nun auch zum Hausberg der Münchner. Da mußte man einfach oben gewesen sein! 1866 wurde das heute noch stehende Gipfelkreuz aufgerichtet, 1882 der Grundstein zum ersten, noch kleinen Wendelsteinhaus gelegt, 1890 das Wendelsteinkircherl durch den Münchner Erzbischof Antonius von Thoma der »Patrona Bavariae«, der Gottesmutter Maria, geweiht. Vor dem Altar der lange Zeit höchstgelegenen Kirche Deutschlands sind seither viele Ehen geschlossen worden.
Gut möglich, daß die Bayrischzeller durch Singen und Jodeln zu abgelenkt waren, um die Zeichen der neuen Zeit zu erkennen. Im Inntal war man, trotz des wesentlich weiteren Weges zum Wendelstein, schneller. Ein energischer Industrieller aus dem Badischen, der Geheime Kommerzienrat Otto von Steinbeis – nomen est omen! – beschloß, nach schweizerischem Vorbild eine Bahn auf den Berg zu bauen, erreichte die Genehmigung seines Projektes durch den Prinzregenten Luitpold, und nach nur zwei Jahren schwierigster Bauzeit konnte am 12. Mai 1912 die erste Zahnradbahn von Brannenburg auf den Wendelstein sich in Bewegung setzen. In 75 Minuten bewältigte sie die knapp zehn Kilometer lange, in ihrem oberen Teil abenteuerlich in den Fels geschlagene, mit 7 Tunnels, 8 Galerien und 12 Brücken bestückte Strecke zum 1723 m hohen Plateau unterhalb des Gipfels.
In flammenden Reden ist die kühne technische Tat gepriesen worden. Aber es hatte auch Anfeindungen gegeben, und die dabei gegen den wagemutigen Kommerzienrat ins Feld geführten »grünen« Argumente wirken erstaunlich aktuell. Ungerechtfertigt war

dagegen der Vorwurf schnöder Profitgier. Nach allem, was wir wissen, ist es Otto von Steinbeis nicht nur um die bescheiden kalkulierten 2½ Prozent Rendite (bei einer Investition von 2 Millionen Goldmark) gegangen, sondern in gleicher Weise um die Förderung des Fremdenverkehrs zum Nutzen der Inntalbevölkerung. Nach vielen schlimmen Erfahrungen wirkt dieses Motiv heute fadenscheinig. Damals war es noch ebenso ehrenwert wie glaubwürdig.
Bayerns erste Bergbahn hatte einen glänzenden Start: ein richtiger Publikumsrenner! Aber zwei Jahre später kam schon der Krieg, und nach dem Krieg kamen Inflation, Arbeitslosigkeit und nochmals Krieg. Als es in den fünfziger Jahren endlich aufwärtsgehen sollte, war die Bahn bereits technisch veraltet, den Anforderungen des Nachkriegstourismus und des Wintersports nicht mehr gewachsen. Die mittlerweile auf 55 Minuten verkürzte Fahrzeit ist

für Menschen, die sich einerseits schnell langweilen, andererseits auch in ihrer Freizeit zwanghaft in Eile sind, offenbar immer noch zu viel:
»Dauert das lange! Wären wir doch mit der Seilbahn gefahren!«
»Aber es ist doch so romantisch.«
»Aber mit der Seilbahn hätte es nur acht Minuten gedauert.«
»Haste es denn so eilig?«
»55 Minuten – nee weißte...« (Wörtliches Protokoll eines Dialoges zwischen Eheleuten im Rentenalter, aufgenommen zwischen der Bedarfshaltestelle Aipl und dem Bedarfshaltepunkt Mitteralm.)
Die Mitteralm ist eine beliebte Einkehrstation für Teilstreckenwanderer auf dem Weg vom und zum Wendelstein und Endstation für die Skifahrer. Hier ist immer etwas los, und ihr Wirt, der dicke Sepp, gilt als typisch bayerisches »Urvieh«. Er duzt jeden, und seine norddeutschen Gäste jubeln um so lauter, je g'scherter er sie anredet. Weil mir dieser spezifische Preußen-Masochismus nicht liegt und ich auch immer noch »Sie« zu ihm sage, hält der Sepp mich für humorlos. Vielleicht hat er ja recht. Hauptsache, er läßt mir meine Ruhe. Denn die Mitteralm ist trotzdem ein schöner Platz zum Ausrasten.
Im Lauf der Jahre hat die Zahnradbahn immer größere Defizite eingefahren. Wäre nicht 1970 die Seilbahn von der Bayrischzeller Seite dazugekommen, hätte der Betrieb wahrscheinlich längst eingestellt werden müssen. Doch immer, wenn davon die Rede ist – und das geschieht alle paar Jahre –, fangen die Nostalgiker laut zu jammern an. Die Zahnradbahn hat viele Nostalgiker-Freunde. Das Dumme ist nur, daß die kaum mit ihr fahren, sondern, etwa, auf der Reindl-Alm sitzen und genüßlich zuschauen, wie die Uralt-Lokomotive mit den beiden Holzklasse-Waggons im Schlepp spielzeugklein durch die Felsen der Soinwand auf die Zeller Scharte zu kriecht. Ein hartgesottener Fortschritts-Fanatiker, wem da das Herz nicht aufgeht!
Von ihren Zuschauern kann die Bahn nicht leben. Aber auch Nostalgiker sind Wähler. Deshalb haben sich anläßlich ihres 75. Geburtstages im Mai 1987 die Politiker zur Aktion aufgerafft und Investitionen von insgesamt 15 Millionen beschlossen, mit denen die Bahn modernisiert und die Fahrzeit auf 25 Minuten reduziert werden soll. Auf diese Weise wollen das Bayerische Wirtschaftsministerium, der Landkreis Rosenheim und die Talgemeinden den Bahnbetrieb bis zum Jahr 2010 sicherstellen.
Die Rettung der Zahnradbahn hat ihre eigene Logik: Einerseits

wünschen wir uns keine neue Bergbahnen, und andererseits ist der Wendelstein eh' schon so verbaut! »Ist der Ruf erst ruiniert, lebt man weiter ungeniert.« Bei der Zugspitze, die mittlerweile einem alpinen Verschiebebahnhof gleicht, funktioniert das Prinzip des Zynikers Wilhelm Busch schon sehr gut. Kein Umweltschützer würde hier noch gegen eine vierte oder fünfte Bahn protestieren. Und je mehr Erschließungsmaßnahmen ein Berg an sich zieht, um so weniger bleiben für die anderen übrig.
Aber nein, mein Wendelstein, mit der Zugspitze möchte ich dich doch nicht verglichen sehen! Auf deinem Gipfel kulminiert zwar allerlei technisches Gerät in unansehnlicher Form und auf dem Plateau darunter konzentriert sich, was einem Liebhaber von Schönheit und Muße leicht zum Menschenfeind machen könnte: ein Haufen von Fritten und Eis vertilgenden, Bier und Limonade ausschwitzenden, drängelnden und nörgelnden, vorwiegend fettleibigen Shorts- und Sandalenträgern. Weil aber das Publikum, mit Verlaub, so wenig erfreulich und so schlecht motiviert ist, bleibt es glücklicherweise da, wo es von den Bahnen ausgespuckt worden ist, und verschont die Umgebung.
Deshalb können wir, was die wenigsten wissen, im Wendelstein-»Gebirge« ebenso friedlich und fröhlich herumlaufen wie in anderen, nicht erschlossenen Wanderrevieren der bayerischen Berge.

Zum Beispiel – immer von oben ausgehend, denn die Besteigung eines Gipfels mit Bahnhof erscheint mir unzumutbar – zum Breitenstein, der zwar 250m niedriger ist als der Wendelstein, doch ein ganz eigenständiger Berg ist und meistens von Fischbachau her bestiegen wird. Oder zum Tagweidkopf, zur Lacherspitz, zum Idalpjoch – Gipfelchen zwischen Latschen und Felsen, die alle auch ein Kreuz tragen, weil sie ernst genommen werden wollen; sechs Kreuze auf einen Blick habe ich einmal zählen können.
Auf den Hochalmen, über die wir wandern, weiden die Kühe wie zu König Maximilians Zeiten. Sie schauen so abgründig zufrieden, daß man es ihnen gern glaubt: Sie haben die schlimme Botschaft aus Brüssel noch nicht empfangen! Manchmal mischen sich Gemsen unter die Kühe, bleiben aber auf mittlerer Distanz, etwa wie die beiden Gegen-Familien auf einer Hochzeit: Man will sich nichts Böses, wird aber auch nicht recht warm miteinander... Auf der Almwiese verlieren die Gemsen leider viel von ihrem alpinen Nymbus. Es läßt sich nicht mehr übersehen, daß sie im Grunde doch nur Ziegen sind, trittsicher und schwindelfrei gewiß, aber eben Ziegen!
Auf der Hochsalwand gibt es sogar ein Gipfelbuch. Dorthin bin ich nach dem Biwak in der Wendelinkapelle gewandert, aber nicht des Gipfelbuches wegen. Da kommt man nämlich an der Reindl-Alm vorbei, wo der Grad Schorsch den Sommer über haust. Der macht einen guten Kaffee auf dem Holzfeuerherd – Strom gibt es nicht auf der Alm – und hat auch ein überraschend zartes Geräuchertes. Das Frühstück allein lohnt schon einen weiten Weg zur Reindl-Alm. Aber dann muß man auch den Grad Schorsch kennen, ein alter Mann schon, aber noch gut beieinander! Als Soldat und Bergführer ist er jahrzehntelang unterwegs gewesen, in Rußland und am Ruwenzori, und hat immer die Augen offen gehalten. Mit dem läßt sich's reden über Gott und die Welt, vor allem über die Welt...
Ein herrlicher Sommermorgen auf der Reindl-Alm. Drüben an der Soinwand kommt die erste Zahnradbahn aus dem Wald und kriecht spielzeugklein zur Zeller Scharte hinauf. Über dem Inntal steigt die Sonne dem Mittag entgegen. Das Wasser, das aus dem Brunnen läuft, bringt angenehme Kühlung. So ähnlich wird es auch damals gewesen sein, als selbst der König von Bayern noch zu Fuß auf den Wendelstein steigen mußte.

Man muß ja nicht segeln, man kann auch radeln

Am Ammersee

Heiteres Erwachen im Haus auf dem Grundstück am See. Gestern hat es in Fetzen geregnet, den ganzen Tag lang, trostlos. Doch abends ist die schwere Wolkendecke aufgerissen und hat schon ein paar blasse Sterne durchschimmern lassen. Zuversichtlich sind wir schlafen gegangen. Nun also: zartblau der Himmel, spiegelglatt der See. Nur die letzten Ausläufer der Mitternachtsbrise klatschen sanft an die Kaimauer und wiegen die Boote an den Bojen. Die Luft ist frisch gewaschen, durchsichtig bis zu den Bergen im Süden. Aus den hochgelegenen Karen am Zugspitzmassiv schimmern noch die Firnfelder, aber nicht mehr am Daniel und in den Ammergauer Bergen. Eine Schwanenfamilie mit drei Neugeborenen gleitet an der Dammspitze vorbei in die Herrschinger Bucht hinaus.

Das ist der schönste Platz am See. Darin sind alle sich einig, denen das Grundstück mit Seglerhaus, Bootshaus und Seglerhafen gemeinsam gehört. Andere würden diese Meinung sicher gern teilen, wenn sie sich auch ein Urteil bilden dürften. Weil sie das aber nicht dürfen, sondern schnell vom Grundstück heruntergebeten werden, falls sie es dennoch versuchen, halten sie den Verein für exklusiv. Er ist es höchstens in dem Sinne, daß er der erste am

See gewesen ist. Früher, als die Etikette noch etwas gegolten hat, pflegten die Segler der anderen Vereine den Seglern dieses Vereins von Bord zu Bord die Reverenz zu erweisen, indem sie zuerst die Mütze zogen. Das wirkte manchmal schon recht verwunderlich, wenn der eine als würdiger Herr auf seiner dicken Jacht saß und der andere war ein junger Bursch an der Pinne seiner gammeligen Trimm-Jolle, im Zweifelsfall ohne einen Pfennig in der Tasche. Doch das ist vorbei, und ich habe von keinem gehört, daß er darüber sehr traurig wäre.

Fast neunzig Jahre alt ist der Verein. Es gibt noch ältere Segelclubs in Deutschland; in Hamburg und Bremen, aber auch in Berlin und sogar in Bayern hat man schon früher zu segeln begonnen. Der Bayerische Yacht-Club in Starnberg ist 1888 gegründet worden, zwei Jahre nach König Ludwigs II. traurigem Tod, aber eben am Starnberger See und nicht am Ammersee, und das macht den Unterschied. Der Starnberger See war (und ist mit Einschränkungen immer noch) ein herrschaftliches Gewässer, an dessen Ufer die Wittelsbacher ihre Schlösser und die anderen »Großkopfeten« ihre Schlößchen und Villen stehen hatten. Am Ammersee gibt es kein Schloß und nur wenige Schlößchen. Er war (und ist mit Einschränkungen immer noch) der »Bauernsee«.

Frühstück auf der Terrasse vor dem Haus. Das ist auch so eine merkwürdige, teutonische Angewohnheit, die Mahlzeiten partout mit Blick – auf den See, die Berge, das Meer, was auch immer – einnehmen zu wollen. Den Romanen ist sie ebenso fremd wie den Ur-Bajuwaren. Die sind realistischer und wollen Suppe und Braten heiß, das Bier aber kühl und mit stabiler Schaumhaube. Nichts dergleichen ist am Busen der Natur gewährleistet. Heute soll es uns egal sein. Für die Szenerie, die sich über den morgenfrischen See hinweg auf die Berge vor uns auftut, nähmen wir selbst kalten Kaffee und ein lauwarmes Frühstück in Kauf!

Die Frage »Segeln oder nicht?« ist überraschend schnell entschieden. Man hat ja eine Nase für Wind und Wetter, und die sagt uns, daß der Tag wohl schön, aber auch flau bleiben wird. Der sähe dann etwa so aus: Du hockst vier, sechs oder mehr Stunden mit krummem Rücken auf bretharten Duchten, reckst unentwegt den Kopf ins Genick (zur Überwachung der Segelstellung), rutschst zwischendurch gerade mal von Luv nach Lee oder umgekehrt – und hast nicht die geringste Chance, den malträtierten Knochenbau durch ein paar rüstige Wanderschritte zu lockern oder zu entlasten. Doch die Tüftler und Trimmer auf ihren Booten nehmen's gelassen, wenn man ihnen sagt: Was seid ihr nur für paradoxe

Vögel? Ihr lebt mit dem Wind und vom Wind. Aber genügend Luft, um frei durchatmen zu können, bekommt ihr nicht in die Lungen! Sie setzen ihre Prioritäten halt anders. Und außerdem haben sie wahrscheinlich nichts gehört, weil sie schon wieder mit dem Problem ringen, wie man den Holepunkt für die Genua verändern kann.
Eine mißliche Mischung von Arroganz und Nostalgie steht unserem seglerischen Aktivbedürfnis zusätzlich im Wege: Der See ist so voll geworden! Wassersportler der merkwürdigsten Sorte teilen sich kleine und kleinste Parzellen seiner 48 Quadratkilometer großen Fläche: Schlauchbootkapitäne, Luftmatratzenlenker, Tretbootpiloten, Paddler, Ruderer – und natürlich meine speziellen Freunde, die Surfer! Immer und überall sind sie einem im Wege. Die meisten sollen ja aus Franken kommen und in den zahlreichen Behörden unseres Freistaates tätig sein. Und das ist noch nicht das Schlimmste. Was aber, wenn eine leichte Brise dem beglückten Segler allmählich die Segel zu füllen beginnt, während diese ordinären Brettlakrobaten mit ihren durchtrainierten Figuren schon abzischen und unsereinen abhängen wie einen nassen Sack? Soll man sich solcher Kränkung sehenden Auges aussetzen?
Also bleiben wir, für heute jedenfalls, auf dem Trockenen und entschließen uns zu einer Radpartie um den See. Unsere Radeln stehen im Bootshaus unter den letzten Jachten, die schon längst zu Wasser hätten gebracht werden sollen, wenn ihre Eigner nicht das Frühjahr verschlafen hätten oder beim Skifahren gewesen wären, anstatt mit Schleifmaschine und Lackierpinsel zu arbeiten. Unsere Radel dagegen sind startbereit; nur die Luft muß nachgepumpt werden. Und schon geht's los, nach Herrsching hinein.
Herrsching liegt sehr hübsch an seiner Bucht. Aber es ist im Grunde ein langweiliger Ort, sagen die Herrschinger selbst, und das Beste an ihm ist die S-Bahn nach München. Wir rollen die Strandpromenade entlang, an den Hotels vorbei, die nie auf einen grünen Zweig kommen, weil sie fast nur an den Wochenenden gut besucht sind. Im Süden von Herrsching weist alles darauf hin, daß wir jetzt eigentlich den Andechser Berg hinaufstrampeln müßten. Wir bleiben aber unten am Seeufer, und das nicht aus Bequemlichkeit. Mit dem Verzicht auf eine Wallfahrt zum »Heiligen Berg« drükken wir unser Mißfallen an den Andechser Klosterbrüdern aus, die ihren unvergleichlich schönen Ort zu einer Massenabfüllstation der Völlerei umfunktioniert haben. Das köstliche Andechser Bier ist einsame Klasse, und auch der gesund stinkende Andechser Käse sucht seinesgleichen. Doch muß man deshalb aus den Klo-

steranlagen eine Großkantine machen und die Landschaft mit Busparkplätzen zupflastern? Fehlt nur noch, daß die Brüder auch in ihrer schönen Rokoko-Kirche (mit Dominikus-Zimmermann-Ausstattung) Speisen und Getränke verabreichen! Da möchte man sich auch als »Heidentürk« fast wünschen, der Nazarener käme einmal wieder vorbei und triebe die Händler aus seinem Tempel!
Als Kaiser Friedrich Barbarossa im Heiligen Deutschen Reich regierte, in der zweiten Hälfte des 12. Jahrhundert also, zählten die Grafen von Andechs in Bayern zu den mächtigsten Herren neben den Wittelsbachern. Sie durften sich Markgrafen von Istrien und Herzöge von Meran nennen, hatten Besitztümer in der Schweiz und in Burgund. Ihre Töchter verheirateten sie mit den Königen von Frankreich und Ungarn. Auch die heilige Hedwig, die Gemahlin des Herzogs von Liegnitz und spätere Nationalheilige der Schlesier, ist eine Andechserin gewesen, wie die heilige Elisabeth, die vom Rosenwunder auf der Wartburg bei Eisenach. Doch dann sind die hochgemuten Herren wohl hochmütig und unvorsichtig geworden, haben sich Blößen gegeben – und schon waren die nicht minder machtbewußten, aber umsichtigeren Wittelsbacher zur Stelle, schalteten die Rivalen aus und kassierten den größten Teil des Andechser Besitzes. Vermutlich im Jahr 1248 ist die stolze Burg über dem Ammersee von ihnen geschleift worden.
Nur die Burgkapelle blieb erhalten und mit ihr das Heiligtum der drei Hostien, die in einer spätgotischen Monstranz aufbewahrt werden und über die Jahrhunderte hinweg Wallfahrer von nah und fern angezogen haben. Anno 1427 gründete der Wittelsbacher Herzog Ernst auf dem Grund der zerstörten Burg ein Augustiner-Chorherrenstift, das sein Nachfolger Albrecht III. in ein Benediktinerkloster umwandelte. Andechs wurde zum Zielort der zeitweilig größten Marienwallfahrt in Süddeutschland. Alljährlich am Himmelfahrtstag werden die Hostien in der Monstranz den Gläubigen vorgehalten. Dann hat Andechs noch einmal seinen großen christkatholischen Tag. Für den Rest des Jahres geben die Zecher im Klosterbräustüberl den Ton auf dem »heiligen Berg« an. Treffender als der Pater Johann Baptist Metz kann man es wohl nicht sagen: Der Bayer hat ein irdisches Verhältnis zur Religion und ein mystisches zum Bier! Damit hat er bestimmt auch seine Andechser Glaubensbrüder gemeint.
Wir haben unterdessen, dem Radweg neben der Uferstraße folgend, Wartaweil passiert, wo einst die Boote mit den Wallfahrern an- und abgelegt haben. »Wart' a Weil'!«, so heißt es, hätten die Fährleute den die Überfahrt nach Dießen Begehrenden zugeru-

fen, wenn sie schon auf dem See unterwegs gewesen sind. Heute stehen hier einige der feinsten Villen am Ammersee. Bis kurz vor Fischen führt die Straße nun dicht am Wasser entlang. Dann muß sie das Ufer verlassen. Denn von Süden her wächst der See allmählich zu, und trotz seines Namens liegt Fischen längst auf dem Trokkenen.

Wie die meisten Seen des Voralpenlandes ist der Ammersee ein Relikt der Eiszeit. Vor etwa 14000 Jahren hat der Ammergletscher, ein Seitenarm des noch größeren Loisachgletschers, nach mehrmaligem Hin und Her endgültig den Rückzug angetreten – und einen See hinterlassen, der von Peißenberg im Süden bis zu den Endmoränen bei Grafrath-Wildenroth im Norden reichte. Seither ist der Seespiegel um 30 Meter gesunken, der See von 36 auf 18 Kilometer Länge geschrumpft. Aber die Ammer als Hauptzufluß des Sees transportiert immer neue Massen von Sand und Geröll aus den Bergen heran, unentwegt und mehr und mehr. Besonders schlaue »Zauberlehrlinge« haben nämlich gemeint, den einst gewundenen Flußgrad begradigen zu müssen, und nun werden sie der Fülle nicht mehr Herr. Wenn das so weitergeht – und wie sollte es nicht? – wird der See in 10- oder 20000 Jahren zugewachsen sein. Doch bis dahin wird noch vieles mehr geschehen, das wir uns vorstellen weder können noch wollen.

Bis auf weiteres haben die Vögel die unübersichtliche, verschilfte Grenzzone zwischen Land und Wasser in Besitz genommen. Nur an einer Stelle ist das Südufer des Sees zugänglich: Von der Straße Fischen – Dießen zweigt entlang der »neuen« Ammer ein Weg ab, den wir sogar mit den Rädern befahren können. Er führt bis zum Ende einer Landzunge, von der aus der ganze See sich überblikken läßt. Ein einsamer Platz, dessen Geheimnis ich entdeckt habe, als ich mich einmal mit einer Jolle über Nacht ins Schilf »verholt« hatte: Wenn es hell zu werden beginnt, setzt eine ohrenbetäubende Wassermusik ein. Das schreit, schnattert, krächzt, schnarrt, bölkt und dommelt, daß es nur so eine Art hat! Zu sehen sind vor allem Enten und Möven. Aber das ist nur eine Aussage für den Vorschulkindergarten. Mittlerweile weiß ich, daß allein zur Familie der Entenvögel mindestens dreißig Arten gehören, die Bläßgans und der Höckerschwan eingeschlossen. Dann kommen noch die Möven- und Schwalbenarten hinzu, die Hauben- und die Schwarzhalstaucher, die weitverzweigte Familie der Schnepfenvögel von den Regenpfeifern über die Wasserläufer bis zum rar gewordenen Großen Brachvogel. Den habe ich an der Ammermündung allerdings nicht gesehen, dafür hin und wieder ein einsames Reiherpaar. Und ein Ornithologe ist auch nicht aus mir geworden. Aber manche Stunde habe ich schon auf meinem vorgeschobenen Beobachterposten gesessen, habe nur geschaut und mich über Gott und die Welt gewundert...

Heute würde ich nicht mehr ins Schilf hineinsegeln. Man braucht ja nicht gleich an Hitchcock zu denken, sondern nur daran, daß den Wasservögeln in unseren Breiten das Überleben immer saurer gemacht wird. Und deshalb ist es gut, daß das Südufer des Sees zum Vogelschutzgebiet erklärt worden ist. Auf manchen Landkarten ist übrigens noch die »Schwedeninsel« eingezeichnet, im Dreißigjährigen Krieg ein Zufluchtsort der Uferbevölkerung vor der marodierenden schwedischen Soldateska. Dort hat es sogar einmal ein Wirtshaus gegeben, über das sich sonderbare Legenden bis in die Gegenwart hinein spinnen. Nun ist die Insel verlandet, versumpft, unzugänglich also, und aus der Distanz nur noch düster verfallendes Gemäuer auszumachen.

Auf der Birkenallee, die durch das Sumpfgebiet im Süden des Sees führt, radeln wir weiter nach Dießen. Der Hauptort an der Westseite des Ammersees ist aus drei Teilen zusammengewachsen: Unten am Wasser hatten sich die Fischer angesiedelt, auf halber Höhe konzentriert sich das bürgerliche Leben, und über allem, wie es sich gehört, thront die Geistlichkeit. Doch am Anfang sind auch hier die Römer gewesen, die mit ihrer alten Via Claudia Augusta von Italien nach Augsburg über den Reschen, das Inntal und Füssen nicht mehr auskamen und eine Entlastungsstraße via Brenner, Partenkirchen, Weilheim anlegten. Die muß irgendwie auch in Dießen vorbeigekommen sein. Aber zu sehen gibt es von ihr nichts mehr, nur noch in Raisting, wo allerdings alles auf die Erdfunk-Satellitenstation der Bundespost schaut und niemand auf ein paar verlorene Spuren im Moos. Ich lasse es mir nicht nehmen, daß die

I.N.
R.

Straße auf der Trasse der Eisenbahnlinie Augsburg – Weilheim verlaufen ist, die netterweise immer noch nicht stillgelegt worden ist, obgleich jeder Zug fährt und pfeift, als wäre es seine letzte Fahrt.
Auf dem Schönberg oberhalb von Dießen stand in karolingischer Zeit die Stammburg der Grafen von Dießen, die zum bajuwarischen Uradelsgeschlecht der Huosi gehört haben und zusammen mit den Agilolfingern aus Böhmen eingewandert sein sollen. Neuerdings wird die bayerische Frühgeschichte auch anders dargestellt. Doch den wissenschaftlichen Disput um »Landnahme« oder nicht überlasse ich gern den Experten. Im 12. Jahrhundert zogen die Grafen von Dießen nach Andechs um, wo wir ihnen schon begegnet sind. Den größten Teil ihres Westseiten-Besitzes aber stifteten sie den Augustiner-Chorherren, die so zu einem der reichsten Klöster Bayerns kamen.
Anno 1722 verspürte der Stiftspropst Herculan Karg das dringende Bedürfnis, seine alte spätgotische Klosterkirche gegen einen zeitgemäßen Neubau auszutauschen. Doch was da nach den von ihm gebilligten Plänen emporwuchs, mißfiel ihm zunehmend; es sah ganz anders aus, als er es sich vorgestellt hatte. Der Propst, ein Mensch von hochfahrendem Sinn und geringer Demut, ein typischer Kirchenfürst seiner Zeit also, verpflichtete mit Johann Michael Fischer den prominentesten und teuersten Kirchenarchitekten seiner Zeit, der schon Berg am Laim (vor München), Ottobeuren, Zwiefalten und etwa dreißig weitere Kirchen auf seiner Empfehlungsliste stehen hatte, unternahm mit diesem eine ausgedehnte Studienreise und ließ anschließend seinen Rohbau wieder abreißen, damit Fischer frei schalten und walten konnte.
Wer das heute liest, möchte gleich nach den Rechnungsprüfern fragen, die dem verschwenderischen Herrn sicher kräftig auf die Finger geklopft haben. Aber die gab es damals bekanntlich nicht, und heute, nach zweieinhalb Jahrhunderten, sehen wir solche Verschwendungen auch mit anderen Augen. Nach nur siebenjähriger Bauzeit konnte 1739 die Stiftskirche Sankt Maria geweiht werden, ein hinreißend schöner, lichtdurchfluteter Rokokobau, an dessen Ausstattung die berühmtesten Künstler Süddeutschlands mitgewirkt hatten: François Cuvilliés (Hochaltar), J. B. Straub (Kanzel und Orgelprospekt), Franz Xaver Schmädl (Taufbrunnen), Ignaz Günther (ein Engel) und andere, nicht zu vergessen Gianbattista Tiepolo mit einem Altarbild. Über allem die Deckenfresken von Johann Georg Bergmüller, der im Chor den »Andechser Heiligenhimmel« gemalt hat: 28 Heilige und Selige aus der Nobilitas des DießeAndechser-Grafengeschlechtes! Ob wir daraus lernen sol-

len, daß die besten Christen selbstverständlich aus den feinsten Kreisen kommen?
Dießen scheint auf künstlerisch fruchtbarem Boden gewachsen zu sein. Töpfer und Handwerker, Holzschnitzer, Wachszieher und vor allem Zinngießer haben in dem Ort ihre traditionellen Nester, und der von ihnen veranstaltete Christkindlmarkt unterscheidet sich wohltuend von den Großstadtmärkten mit ihrer kommerziellen Kitsch- und Massenware, die von der Bundesbahn mit Sonderzügen beschickt werden. Die Simplizissimus-Zeichner Heine und Thöny haben in Dießen gelebt, später Carl Orff und Fritz Winter. Die schattigen Uferpromenaden mit Strandbad, Strandcafé, Dampfersteg und Bootshäusern wirken altmodisch-kultiviert. Renoir, Dufy, August Macke könnten hier ihre Motive gefunden haben.
Wir treten wieder in die Pedale, nun also am Westufer entlang nach Norden, an St. Alban und Bierdorf vorbei nach Riederau. Ein hübscher Weg. Irritierend nur die Brise, die unvermutet aufgekommen ist und sich auf dem See durchzusetzen scheint. Die Jollen draußen, die vorhin noch müde in der Flaute gedümpelt sind, nehmen nach und nach flotte Fahrt auf; einige besonders ranke Boote legen sich schon genüßlich nach Lee. Mit einemmal kommen wir uns schwerfällig vor auf unseren Rädern, wie Schwäne auf dem Landgang. Sollten wir doch das falsche Element gewählt haben? Trotzig beharren wir darauf, die Schönheiten unserer Route zu preisen.
Das Westufer: locker bewaldet, sanft, freundlich und zivilisiert in den Grenzen des Annehmbaren. Aber etwas ist anders hier, etwas liegt in der Luft, ein ganz bestimmer Hauch... In Riederau ist er noch kaum zu spüren, in Holzhausen schon etwas mehr. Richtig deutlich (um nicht zu sagen: penetrant) wird er dann in Utting und Schondorf. Der schwäbische Hautgout ist's, der sich vom Lech, der 1000 Jahre alten Stammesgrenze, nicht hat aufhalten lassen, sondern bis an die Gestade des Ammersees vorgedrungen ist. Altbayerische Organe haben eine hochempfindliche Witterung für diesen Hauch, die manche unter ihnen bereits westlich von Pasing aufnehmen zu können sich anheischig machen – was aber, wie sie hintersinnig erklären, nur eine Feststellung sein soll und keine Wertung. Die salvatorische Klausel fehlt, wenn wieder einmal der Hinweis fällig wird, daß das Westufer immer mehr »veraugschburgere«. Aus diesen Stammesfehden halte ich mich heraus. Doch eines stimmt schon: Zumindest an den Wochenenden reden sie in Utting und Schondorf ebenso verwaschen wie rund um den Perlachturm, und im Augsburger Segelclub sowieso!

Am Dampfersteg von Holzhausen sitzen wir und warten. Für die komplette »Tour de Lac« ist es zu spät geworden. Der See leuchtet warm im Licht der Nachmittagssonne. Die Brise hat sich durchgesetzt, mit 3–4 Windstärken aus Südwest. Das reicht, um die Wasserfläche mit allem, was auf ihr schwimmt, treibt, gleitet und kreuzt, auf die angenehmste Weise zu animieren. Der Andechser Kirchturm grüßt heiter herüber und läßt uns den Verdruß vergessen, den uns der Rummel zu seinen Füßen bereitet hat. Vom nahen Utting her kommt die »Stegen« angerauscht, wirbelt gewaltiges Schaumwasser auf und legt schwungvoll an. Ein Kapitän, der weiß, was er seinem Publikum schuldig ist. Ich kenne ihn, er macht das schon seit zwanzig Jahren. Aber eigentlich ist er ja mehr ein Bahnbeamter. Wir schieben unsere Räder an Bord. Die Schiffsglocke läutet. Rund um die Schraube braust, schäumt, sprudelt es. Die »Stegen« nimmt Kurs auf Herrsching.
In der Seemitte queren wir die Rinne der Ur-Amper, die der Eiszeitgletscher bei seinem Vordringen nach Norden geschürft hat. 81 Meter tief ist hier der See. In Lee rauscht der »Wiking« vorbei, mit 150 Quadratmetern Segelfläche vor dem Wind die größte Jacht auf Bayerns Binnengewässern. Zwei Mann von der Studenten-Crew turnen auf dem Großmast herum; das machen sie gern vor dem Dampfer-Publikum. Auf dem Vorschiff sind andere junge Leute mit dem Klarieren des Spinnakers beschäftigt. Offensichtlich stehen noch größere Manöver bevor. Aber der Besan killt, die alte Krankheit!
Im Grunde ist der »Wiking« zu groß für den Ammersee. Es wird nicht viele auf dem Dampfer geben, die begreifen, warum die Studenten ihre Sandkastenspiele mit dem Zweimastsegler veranstalten. Wenn sie ihre »Seemannschaft« im Griff haben, suchen und finden sie nämlich Gelegenheiten, im Mittelmeer, in der Ägäis, in der Ostsee zu segeln. Sie kreuzen in norwegische Fjorde hinein oder lassen sich vom Passat zu den Kanaren treiben, wenn's hoch kommt sogar über den Atlantik. Sie erfahren die Freiheit der Meere, die sie schwerlich überleben würden, hätten sie nicht vorher gelernt, was man dazu braucht. Teamarbeit, Verantwortungsbewußtsein, sicheres und schnelles Reagieren kann man auch auf dem Ammersee lernen.
Auf einmal haben wir es eilig, wieder an Land zu kommen. Als erste verlassen wir die »Stegen«, ohne Aufenthalt radeln wir durch den Herrschinger Kurpark, dem heimischen Hafen entgegen. Der Wind ist eingeschlafen, fast kann man die Uhr nach ihm stellen; es ist Viertel nach sechs. Die Sonne steht noch hoch, Segen der Som-

merzeit! Ein Faß Bier ist aufgemacht worden: happy hour auf der Terrasse am See. Mit dem letzten Brisenhauch treibt der »Wiking« in die Bucht hinein. Die Frage, ob er es noch mit eigener Kraft bis zur Boje schafft, wird wieder einmal breit erörtert. Ältere Segler spinnen ältere Geschichten, die jeder schon kennt. Von diesem und von jenem Manöver ist die Rede. Von der Strömung vor Bonifacio und der Flaute – nein, nicht vor Madagaskar, aber immerhin vor Dubrovnik. Das Garn geht nicht aus.
Die Mücken tanzen im letzten Abendlicht. Die Schwanenfamilie schwimmt die Kaimauer entlang zu ihrem Schlafplatz im Schilf. Wir schauen zu, wie die Sonne hinter den Baumspitzen des Rieder Ecks versinkt. Drüben in Dießen flimmern die ersten Lichter. Sanft schwappt die Dünung gegen den Damm. Über den Höhen von Andechs steigt ein blasser Neumond auf. Es gibt keinen schöneren Platz am Ammersee.

Karrenfelder, Dolinen und drei Hütten

Im Steinernen Meer

In der Röth bin ich schon einmal gewesen, vor vielen Jahren, allein und schon müde vom weiten Weg über die Gotzenalm. Viel zu müde, um etwas Wesentliches wahrzunehmen. Und verweilen durfte ich auch nicht, wollte ich noch rechtzeitig vor der Dunkelheit im Kärlingerhaus ankommen.

Was das ist, »die Röth«? Schwer zu sagen. Eine klare Definition habe ich nirgends gefunden. Nur was sie nicht ist, steht fest: Weder Berg noch Gebirge, kein Tal, kein Fluß, kein See, kein Sumpf. Auf den Landkarten steht ihr Name immer etwas quer in der Gegend, wie um anzudeuten, daß der Kartograph sich auf Lage und Ausdehnung nicht so genau festlegen wolle, daß er über Einzelheiten mit sich diskutieren lasse. Mein Vorschlag: Die Röth ist eine Senke im Gelände, die das Hagengebirge und das Steinerne Meer voneinander trennt (oder miteinander verbindet).

Viel spricht für die Vermutung, daß die Röth der abgelegenste, einsamste Ort auf dem Territorium der Bundesrepublik ist, abgesehen von einigen Nordwänden, Höhlen oder Robbeninseln. Ich jedenfalls glaube gern daran, daß sie es ist, und in meinen Augen wird sie dadurch besonders attraktiv. Die Röth als ein »Ort«, das könnte mißverstanden werden. Gemeint ist ja nicht eine Ortschaft mit Einwohnern, sondern das Gegenteil: eine Einöde – laut Brockhaus: einsames, unbewohntes Land –, weit entfernt von den letzten noch bewirtschafteten Almhütten im hintersten, unzugänglichsten Winkel des Nationalparks. Drei, vier, fünf Stunden Gehzeit muß man rechnen bis zur Röth, je nachdem, wie gut einer zu Fuß ist. In Kanada oder Sibirien bedeutet das nicht viel, in unserem dicht besiedelten und so gründlich erschlossenen Land aber schon.

Auch in den bayerischen Bergen ist es ja ganz schön eng geworden. In Königssee am Königssee zum Beispiel. Die Ladenstraße zwischen Parkplatz und dem Seeufer tut wirklich weh: eine haarsträubende Mischung von oberbayerischem Bazar und Ruhrgebiets-Oktoberfest! Da muß man schnell durch, und am besten mit geschlossenen Augen. Denn vermeiden läßt sie sich ebensowenig wie das Fegefeuer vor dem Paradies. Erst auf dem tröstlich leise schnurrenden Schiffchen der Königssee-Flotte können wir halbwegs aufatmen. Mit unseren schweren Rucksäcken sind wir zwar zwei Fremdkörper unter den mehrheitlich mit Kameras und Plastiktüten ausgerüsteten Mitreisenden. Aber netterweise nimmt niemand Anstoß an uns, weil sie alle das Echo der Melodie hören wollen, die der Schiffstrompeter gegen die Felswand bläst. Mithin bleibt uns die naheliegende Frage erspart, warum wir uns offensichtlich plagen wollen, wo man vom Schiff aus doch alles so schön sehen kann.

Unter den 800 000 Passagieren, die im Jahr über den See fahren, gelangen schätzungsweise 750 000 nicht über die Gastwirtschaften und WC's der Anlegestellen St. Bartholomä und Sallet hinaus. Und keiner kommt auf die Idee, etwas versäumt haben zu können – ein perfektes Exempel für die taktische Kunst, Massenbedürfnisse zu befriedigen und dabei so zu lenken, daß niemand den Rasen betritt, anders gesagt: daß der Nationalpark keine nennenswerten Schäden erleidet! Die restlichen Schiffsfahrer, die von ihrem Tatendrang über das Seeufer hinausgetrieben werden, verteilen sich über die Jahreszeiten und im Gelände. Noch kann man bei jeder Begegnung »Grüß Gott!« sagen, ohne sich den Mund fusselig zu grüßen.

Wir wollen ins Steinerne Meer, Regine und ich. Doch in Sallet am Südende des Sees, wo wir unsere Rucksäcke schultern, wissen wir noch nicht, auf welchem Weg. Der direkte Zugang zum Kärlingerhaus steigt steil an und ist mindestens vier Stunden lang. Der Aufstieg über die Röth ist ebenso steil, dauert aber zwei Stunden länger und ist, weil ein Umweg, in keinem Führer vorgesehen. Ein klarer Fall demnach – wirklich? Wo ich doch immer mehr dazu neige, den Umweg für das Salz des Lebens zu halten und die Direttissimas den zielstrebigen, erfolgsorientierten Aufsteigern zu überlassen...

Auf also in die Röth! Meine Tochter folgt mir widerspruchslos. (Im Gebirge immer, sonst nie.) Am Obersee entlang, an der verfallenen Fischunkelalm vorbei und über den exponierten Röthsteig – Steinschlaggefahr! – bis zur Waldlichtung der Wasseralm brauchen wir vier volle Stunden. Andere schaffen das angeblich schneller.

Aber wir sind nicht eingelaufen und müssen uns plagen. Von Tag zu Tag wird das besser werden. Wie die meisten Almen hinter dem Königssee ist die Wasseralm verlassen und verfallen. Es lohnt sich schon lange nicht mehr, sie zu bewirtschaften. Die Lichtungen, von den Berchtesgadener Kleinbauern im Schweiße ihres Angesichts in die dichten Bergwälder gerodet, damit ihre fünf Kühe ausreichende Sommerweide fanden, wachsen allmählich wieder zu. Die Plätze der aufgegebenen, nur nach tagelangem Viehtrieb und über den See erreichbaren Almen vermitteln uns ein trüb-realistisches Bild von der Mühsal der bäuerlichen Existenz im übervölkerten Klein- und Kirchenstaat der Fürstpropstei Berchtesgaden.
Die Almen wachsen ganz im Sinne der Nationalparkverwaltung wieder zu. Wo immer das möglich ist, soll die Natur sich selbst überlassen bleiben. Darüber müßten sich auch die naturliebenden Bergwanderer freuen. Doch der Wildwuchs auf den Almen läßt uns erkennen, daß unser Bild von der Bergwelt partiell verfälscht ist. Die trauliche Almwiese im oder über dem dichten Waldgürtel, die wir – ungezählte Kalenderblätter bestätigen es – so bezaubernd schön finden, ist gar keine Natur, nur ein Stück Kulturland-

schaft! Ob den Bergfreunden späterer Jahrhunderte die Kulturleistungen unserer Generationen ebenso das Gemüt anrühren werden?

Die einstige Wasseralm ist das Zentrum der Röth und vorübergehend sogar von einem Lift erschlossen gewesen. Aber nicht für Menschen und schon gar nicht für Skifahrer. Sondern für die Steinböcke, die vor fünfzig Jahren aus dem italienischen Nationalpark Gran Paradiso – dem Stammland aller alpinen Steinbockkolonien – nach Bayern verfrachtet, per Schiff und Lift in die Röth transportiert und dort ausgesetzt worden sind. Sie haben sich gut akklimatisiert, sagt die Nationalparkverwaltung, und mit der Nachbarkolonie im österreichischen Blühnbachtal pflegen sie lebhafte familiäre Kontakte – kleiner Grenzverkehr im Wendekreis des Steinbocks! Da sie ihre Scheu vor den Menschen noch nicht abgelegt haben, bekommen wir von den vierzig Tieren, die in der Röth leben, keines zu sehen. Gerade deshalb sind sie mir – unbekannterweise – sympathischer als zum Beispiel die Steinböcke von Saas Fee, die mich immer so neugierig beäugen, als erwarteten sie eine Erklärung oder wenigstens ein Wurstbrot von mir. Wildlife ist doch da am eindrucksvollsten, wo man es nur ahnen, nicht aber bestaunen kann wie im Zoo.

Als ich zum erstenmal mit müden Beinen durch die Röth gelaufen bin, gab es die Selbstversorgerhütte der Alpenvereinssektion Berchtesgaden noch nicht. Nun dient sie anspruchslosen Bergstei-

gern als Tourenstützpunkt: Kein Komfort, aber Decken für die Nacht, ein Dach über dem Kopf und frisches Quellwasser ganz in der Nähe – für den Nationalpark eine optimale Lösung! Ich stelle mir vor: Von der Hütte aus eine Woche lang die einsame Fichten-, Latschen- und Felsschrofen-Region durchstreifen, zur Kammhöhe des Hagengebirges mit den Teufelshörnern aufsteigen, nach einem heißen Tag in der »Blauen Lacke« baden, und erforschen, was es mit den Kartenbezeichnungen »Bloßer Hund«, »Toter Hund« und »Großer Hundsschädel« auf sich hat! Das wär's gewesen! Jetzt bin ich für solche Sachen zu bequem geworden. Andererseits: In jungen Jahren hätte ich mich in der Röth nicht aufgehalten. Da habe ich immer nur hoch hinaus gewollt...

Der Weg von der Röth zum Kärlingerhaus am Funtensee: ein abwechslungsreicher, unterhaltsamer Zweieinhalbstunden-Spaziergang, wenn man ausgeruht ist. Vom Halsköpfl, etwas abseits des Pfades, schauen wir hinunter zum Königssee, der seine tiefe Talfurche füllt wie ein skandinavischer Fjord. Es geht gemächlich bergan und manchmal auch wieder ein Stück bergab. Regine möchte Näheres über unser Nachtquartier wissen. Sie ist ein lieber Bergkamerad und steigt wie eine Gemse. Aber mit dem Alpenverein und seinen Hütten hat sie nichts im Sinn. Gleich wittert sie Zünftelei, Gschaftlhuberei und ungewaschene Matratzennachbarn. Ich kann's ihr nicht verdenken. Auch meine Passion für alpine Unterkünfte hat merklich abgenommen. Doch ohne Hütten bleibt uns das Steinerne Meer verschlossen. Zu Hermann v. Barths Zeiten, der ja mit seinen Siebenmeilenstiefeln und trockenem Brot auch hier herumgestiegen ist, mag das noch anders gewesen sein. Doch wer, wie wir, weder biwakieren noch 14-Stunden-Märsche auf sich nehmen will, wird sich mit den Hütten arrangieren müssen.

Zwei kleine Seen liegen am Wege. Der Schwarzsee schimmert schwarz und der Grünsee leuchtet grün. Über die »Himmelsleiter« steigen wir ein letztes steiles Stück bergauf. Noch eine halbe Stunde zum Kärlingerhaus. Die mentale Annäherung an die Hütte geht so vor sich, daß wir uns ausmalen, wie schrecklich es sicher werden wird: Notlager, Hüttengesänge, Schnarcher, kein Wasser, verstopfte Toiletten, Matratzenmief... So vergeht die Zeit schön schnell, am Schluß laufen die Beine fast von alleine. Und dann ist auf der Hütte alles weniger schlimm als erwartet. Sogar ein Bett bekommen wir zugewiesen, jeder eines.

Für die Alpenvereine in Deutschland und Österreich sind die Hütten eine Art Erblast aus der Gründerzeit geworden. Die meisten Unterkunftshäuser stammen aus der Zeit, als man die Berge noch

möglichst vielen Menschen zugänglich machen wollte. Diese Zielsetzung haben heute, aus kommerziellen Gründen, die Bergbahngesellschaften übernommen. Im Alpenverein dagegen will man von weiterer Erschließung nichts mehr wissen, mit Rücksicht auf die zunehmende Belastung der alpinen Umwelt. Neue Unterkunftshäuser werden kaum noch gebaut. Die radikale Vereinsjugend aber möchte am liebsten die alten Hütten abreißen und nur noch primitive »Biwakschachteln« dulden.
Am Steinernen Meer kann sich der Streit der Meinungen nicht entzünden. Umbrandet von den Verkehrsströmen, die tief unten zwischen Berchtesgaden, Salzburg und Zell am See sich durch die Täler wälzen, ist es eine Insel der Stille und Einsamkeit geblieben, ohne Bergbahnen, Sporthotels, Panoramastraßen und dem ganzen profitlichen Erschließungs-Klimbim. Der kargen Steinwüste im Süden des Berchtesgadener Landes fehlt es an alpinen Attraktionen, ihre Gipfel sind weder hoch noch prominent. Wer hat schon vom Großen Hundstod, vom Schneiber, vom Viehkogel gehört? Und keine Nord- oder Ostwand, in der waghalsige Kletterer sich Jahr für Jahr zu Tode stürzen, zieht die sensationslüsternen Massen an. Nur eine Minderheit von Bergtouristen läßt sich durch die langen Hüttenanstiege nicht abschrecken. Und deshalb sieht es auf dem Hochplateau noch beinahe so aus wie vor 60 oder gar vor 100 Jahren.

Das Kärlingerhaus ist – neben dem Riemannhaus und der Ingolstädter Hütte (beide schon auf österreichischem Boden) – eines der Eingangstore zum Steinernen Meer. Von hier aus ziehen wir am nächsten Morgen los, wie die anderen Schlafgenossen auch, zu unserer Dreieckswanderung von Hütte zu Hütte. Es stimmt schon: Grandiose Kulissen, dramatische Kontraste, sensationelle Ausblicke wird man hier oben nicht finden. Unter den alpinen Kalenderblatt-Schönheiten nimmt sich das Hochplateau auf den ersten Blick farblos und unauffällig aus. Aber wir wissen ja, daß die schlichten Kleider Aschenputtels wahre Schönheit nicht auf die Dauer verhüllen können. Man muß, der Königssohn hat es geahnt, den Dingen auf den Grund gehen!
Die Reize des Steinernen Meeres verbergen sich hinter der abweisenden Härte des Gesteins, der Kargheit seiner Vegetation, der scheinbaren Monotonie seiner wie Meereswellen geformten Oberfläche aus Dachsteinkalk.
Seitdem vor 180 Millionen Jahren das Trias-Meer sich zurückgezogen und diesen Meeresgrund hinterlassen hat, frißt sich das Wasser unablässig in das Gestein hinein. Aber nicht der physikalische Vorgang der Erosion, sondern ein chemischer Zersetzungsprozeß im hart verwitternden Dachsteinkalk hat zur Entstehung dieses riesigen Karstgebietes geführt. Verwitterungsprozesse in Karstgebieten: ein in jeder Hinsicht sprödes Thema? Wir haben vorher wenig darüber gewußt. Vielleicht muß man das auch nicht und kann sich mit Eindrücken, Empfindungen begnügen. Etwa mit der Bewunderung der wie Knochen ausgebleichten Felsrippen im klar konturierenden Morgenlicht. Mit der Wahrnehmung des eigenartigen Gefühls an den Fußsohlen, wenn man vorsichtig – Achtung, Beinbruchgefahr! – über die endlosen Karrenfelder steigt. Oder mit dem leichten Kribbeln in der Magengegend beim Blick in die abgründige Tiefe einer Doline, durch die das Regenwasser verschwindet, um unterirdisch weiterzufließen und um nach vielen Kilometern irgendwo am Fuße des Gebirgsstocks als scheinbare Quelle wieder hervorzutreten.
Aber da geht es schon los, daß uns die Impressionen nicht mehr genügen. Wir möchten nun doch wissen, warum gerade die Berchtesgadener Alpen so reich an Karstgebieten sind. Auch interessiert uns, wie die Höhlen entstanden sind, von denen das Steinerne Meer untergraben worden ist. Und wir fangen an, abends auf der Hütte nachzulesen, was es mit den Karrenfeldern, den Dolinen, den versteinerten Resten der herzförmigen Kalkmuschel, den sogenannten Kuhtritten, auf sich hat.

Wir sind nicht allein mit unserer Wißbegier. Auch die anderen Bergkameraden studieren ihre einschlägigen Führer und Karten am Tisch in der Gaststube. Bergwanderer im Steinernen Meer sind brave und ruhige Leute; für eisenklirrende Extremkletterer und alpine Gaudiburschen ist dies offenbar nicht das richtige Revier. Manche führen sogar Bücher zum Lesen in ihren Rucksäcken mit, was unter Bergsteigern ganz ungewöhnlich ist. Als Autoren habe ich Umberto Eco, Habermas und Frederic Vester identifizieren können. Mit unserer Patricia-Highsmith-Lektüre bleiben Regine und ich also eher am unteren Rande des literarischen Spektrums.

So verlaufen die Abende auf den Hütten unerwartet bekömmlich. Die Qualität der Mahlzeiten – vorwiegend Schinkennudeln und Tiroler Gröstel – bleibt verabredungsgemäß unerörtert.
Daß die Füllung der Teeflaschen vor dem Aufbruch der wichtigste Programmpunkt des Morgens ist, hat uns nicht Bücherweisheit gelehrt, sondern der Durst. Das Steinerne Meer ist ja eine Art alpiner Wüste, und Trinkwasser ist hier fast ebenso kostbar wie dort. Das merkt man bald, wenn man etwa bei Nebel die wenigen markierten Steige aus den Augen verliert und sich in den unübersichtlichen Karrenfeldern verläuft. Die als Orientierungspunkte dienenden dominierenden Gipfel – der Funtenseetauern, die Schönfeldspitze – sind unsichtbar, und auch der beste Kompaß nützt nichts mehr. Denn nirgends geht es geradeaus; immer bewegt man sich wie in einem Labyrinth mit vielen Sackgassen. Gesellen sich zum Durst – er kommt immer als erster – noch Hunger, Dunkelheit und Kälte, dann schwört der irrende Steinerne-Meer-Wanderer jeden heiligen Eid, nie mehr ein schlechtes Wort über die Alpenvereinshütten zu verlieren, wenn er nur endlich eine vor sich sähe!
An klaren Sonnentagen fällt es schwer, sich die latenten Gefahren des Steinernen Meeres vorzustellen. Die meisten, die wie wir unterwegs sind, bleiben auf den solide angelegten, nur gelegentlich mit einem Drahtseil gesicherten Verbindungssteigen zwischen den Hütten. Die Entfernungen von einem Stützpunkt zum anderen lassen genügend Zeit, noch diesen oder jenen »Haus-

berg« mitzunehmen. Jeder hat einen Normalanstieg, auf dem er unschwer zu erreichen ist, auch die Schönfeldspitze (2653m), der zweithöchste und markanteste Gipfel im Gebiet. Den Hausberg der Ingolstädter Hütte, den Großen Hundstod, schwänzen Regine und ich. Ungeachtet seiner gerühmten Aussicht erklären wir ihn zum langweiligen Hatscher und bummeln stattdessen hinüber zum Dießbacheck, eine unbedeutende Bergschulter, die sich ins nächste Tal hineinschiebt.

Wir lagern uns auf eine weiche Bergwiese, in der Aurikeln, Braunellen und Zwergprimeln blühen. Tief unten rauscht der Dießbach durch ein einsames Hochtal, das auf drei Seiten von Schuttkaren eingeschlossen ist. Es liegt da, als hätten die Menschen es noch nicht entdeckt. Wir wissen, daß das nicht sein kann. Doch so lange es Täler gibt, die wenigstens so aussehen, sind die Alpen noch nicht ganz verloren.

Irrwege in Deutschlands höchstem Sackbahnhof

Als Exote auf der Zugspitze

Eines Tages beschloß der Bergsteiger R., Deutschlands höchsten Berg zu besteigen. Er begab sich in die Marktgemeinde Garmisch-Partenkirchen, welche ihm als Talort der Zugspitze bekannt war, und erkundigte sich nach dem Weg. Als er niemand fand, der ihm Auskunft geben konnte, betrat er ein Reisebüro und fragte die Dame am Counter nach dem Weg.

»Ganz einfach«, sagte die Dame. »Sie steigen hier am Bahnhof in den Zug...«

»Entschuldigen Sie – in welchen Zug?«

»In einen Zug der Zugspitzbahn natürlich!« antwortete die Dame.

»Aber ich wollte eigentlich zu Fuß...«

»Wieso denn? Mit der Bahn geht es viel schneller und bequemer. Sie kaufen sich eine Zeitung und sind in 80 Minuten am Schneefernerhaus. Mit dem Schnelltriebwagen sogar schon in 60 Minuten!«

»Und was mach ich am Bahnhof Schneefernerhaus?«

»Da brauchen Sie nur umzusteigen. Sie gehen ein paar Treppen hinauf und ein paarmal um die Ecke, dann sehen Sie schon die Seilbahn zum Zugspitzgipfel.«

Der Bergsteiger dachte nach. Die Dame nahm an, das dauerte ihm zu lange, und sagte eifrig: »Es gibt auch eine schnellere Verbindung. Sie fahren ab Eibsee mit der Großkabinenbahn. Es sind nur zehn Minuten, und Sie müssen nicht einmal umsteigen.«

Der Bergsteiger staunte.

»Sie können die Bergfahrt aber auch mit einer kleinen Auslandsreise verbinden. Das ist noch interessanter für Sie. Sie fahren also von Garmisch über die Grenze nach Ehrwald und von dort mit der Tiroler Zugspitzbahn zur Bergstation Zugspitzkamm. Hier muß man jetzt nicht mehr den Verbindungsstollen zum Bahnhof Schneefernerhaus benutzen, sondern kann gleich in die neue Seilbahn umsteigen und kommt dann auf dem österreichischen Zugspitz-Gipfelbahnhof an.«
»Ich wollte aber auf den deutschen Gipfel!« sagte der Bergsteiger.
»Nichts einfacher als das! Sie brauchen nur Ihren Paß mitzunehmen und an der offiziellen Grenzübergangsstelle anmeldepflichtige Waren anzugeben. Das ist klasse organisiert da oben. An manchen Tagen gehen mehr als 1000 Personen über die Grenze. Sie können nichts falsch machen.«
Der Bürochef, der im Vorbeigehen das Gespräch mitbekommen hatte, schaltete sich ein: »Warten Sie noch zwei oder drei Jahre, dann können Sie auch die neue Seilbahn vom Zugspitzplatt zum Gipfel benutzen. Die Planungen dafür sind schon abgeschlossen.« Er zeigte dem Bergsteiger eine Vorausankündigung der Zugspitzbahn AG. »Die neue Bahn ist zwar in erster Linie für die Skifahrer auf dem Platt gedacht, die nachmittags auf dem Zugspitz-Gipfelbahnhof in die Seilbahn zum Eibsee umsteigen wollen. Aber Sie können ja, wenn Sie auf dem Bahnhof Schneefernerhaus ankommen, die kleine Gletscherbahn zum Platt hinunter nehmen und von dort in Richtung Westgipfel umsteigen. Sie haben dann sofort Anschluß zum Eibsee.«
»Das wäre dann also die fünfte Bahn... oder schon die sechste?« fragte der Bergsteiger.
»Jaja, so etwa«, antwortete der Bürochef zerstreut und verabschiedete sich in Eile. »Genau haben wir sie natürlich auch noch nicht gezählt. Aber jetzt entschuldigen Sie mich bitte. Ich muß jetzt die neuen Zugspitzrundreisepackages ausarbeiten. Es gibt noch viel zu tun!«
Trotz der verlockenden Fülle der Fahrtmöglichkeiten blieb der Bergsteiger R. beim einmal gefaßten Entschluß, die Zugspitze zu Fuß zu besteigen. Er fand schließlich sogar noch jemand, der ihm den Weg beschreiben konnte. Dann kaufte er reichlich Tourenproviant ein, stellte die Thermosflasche mit Tee dazu, vergaß auch Taschenlampe, Hüttenschuhe und Regenschutz nicht, packte alles sorgfältig, wie er es gelernt hatte, in den Rucksack, fuhr nach Hammersbach und machte sich am Nachmittag glücklich auf den Weg ins Höllental. Er begegnete nur noch wenigen Menschen und

nahm sich Zeit, vor allem in der romantischen Höllentalklamm, so daß er erst nach zwei Stunden auf der Höllentalangerhütte (1381 m, 12 Betten, 96 Lager) eintraf. Die Hütte war nicht voll, denn sie gehört noch zu denen, die man nicht mit dem Auto anfahren kann. Nur ein paar andere Bergsteiger wie er saßen an den Tischen und aßen Gulasch mit Salzkartoffeln oder Schinkennudeln. Später, bei Wein und Bier, sangen sie die alten Lieder, die »Bergvagabunden« und »Tiroler Land, du bist so schön, so schööön«, und suchten frühzeitig ihr Lager auf. Denn der flimmernde Sternenhimmel versprach einen schönen Morgen.

Und so war es. Ab fünf Uhr wurde es in der Hütte lebendig, deren Holzböden und -wände eine gute Resonanz hatten. Die einen stiegen links hinauf, ins Matheisenkar und zum Hupfleitenjoch, die anderen wanderten rechts hinüber, zu den Riffelspitzen und Waxensteinen. Bald ging auch unser Bergsteiger los, die strahlende Morgensonne im Rücken, Deutschlands höchstem Gipfel entgegen. In den Gräsern hingen blitzende Tautropfen. Die nächsten Stunden gehörten zu den schönsten, die er in diesem Bergsommer erlebt hatte. Die Luft war frisch, nicht zu warm, gerade recht zum Laufen. Die Route war abwechslungsreich und machte ihm keine Schwierigkeiten. Alpinisten von der strengen Observanz wäre sie zu zivilisiert gewesen. Ein paar Eisenleitern waren in den Fels geschlagen, auch Drahtseilsicherungen, wo es exponiert wurde; die Markierungen waren nicht zu übersehen. Ihm kam das ganz gelegen. Denn seinen alpinen Sturm und Drang hatte er hinter sich, und das nicht erst seit gestern. Er mochte es mittlerweile, wenn er nicht mehr abwägen mußte, ob er dieses Wandl, jene Passage noch riskieren könne oder nicht.

Einmal aber durchfuhr ihn ein heißer Schreck. Als er, nach Bergsteigerart, kühn dorthin aufblickte, wo er den Gipfel vermutete, erschien ihm ein klobiger Betonkubus mit drohenden schwarzen Löchern. Ein Albtraum, eine Vision von Dali, von Chirico? Eine Zyklopenfestung, von Geisterhand zuhöchst auf der Bergspitze errichtet? In seiner bedrängten Phantasie malte er sich aus, wie sie da oben die Kanonen von Navarone in Stellung gebracht hatten, um ihn, den Gipfelstürmer aus dem Höllental, zu vernichten, wenn er nur nahe genug herangekommen wäre. Gleich darauf schoben sich wieder Grate und Zacken vor den Gipfel, und das bedrückende Traumbild verschwand.

Der Bergsteiger wanderte nun über den Höllentalferner, der auf den Karten stolz als Gletscher verzeichnet wird, stieg in die gesicherten Wände zur rechten Hand ein, fand schließlich ein hübsches Platzerl, auf dem er Rast machte mit Brot, Wurst und Tee und einer saftigen Birne zum Abschluß. Er dehnte die Pause länger aus, als notwendig gewesen wäre. Denn ihm war nicht mehr ganz wohl beim Gedanken an seine Ankunft auf dem Gipfel. Die Sonne, höher gestiegen am immer noch wolkenlosen Himmel, erwärmte die

festen, griffigen Kalkfelsen, an denen er sich festhielt auf dem letzten Abschnitt den Anstiegs. Gegen 11 Uhr erreichte er den Jubiläumsgrat. Von da aus waren es nur noch wenige Schritte hinüber zum goldenen Strahlenkreuz auf dem Ostgipfel...

Angenommen, eine dicke Wolkendecke hätte die Zugspitze so eingehüllt, daß gerade noch der Gipfel mit seinen Aufbauten herausragte: Von oben sähe der aus wie ein geisterhafter, abgewrackter Flugzeugträger, auf zielloser Fahrt durchs Nebelmeer. In der Mitte die große, zugige Plattform, eingefaßt von Seilbahnstationen, Meteorologischer Station, Grenzstation, Münchner Haus, Antennen, Richtstrahlern, Sonnenkollektoren, Brüstungen, Stützwänden, Fundamenten, Drahttrossen. Unser Bergsteiger meinte, noch nie etwas so Häßliches gesehen zu haben. Und wozu das Ganze?

Fast eine halbe Million Passagiere befördert die Bayerische Zug-

spitzbahn AG im Jahr; die von der Tiroler Seite kommen noch hinzu. Der Bergsteiger versuchte zu schätzen: Waren es 1000 heute oder 2000? Er gab es bald auf. Er konnte die Menschen vor lauter Masse kaum noch erkennen, sah nur noch fette Bäuche, rosa Schenkel, Einkaufstaschen, Kameras, Schirmmützen mit lustigen Aufdrucken und Kinder, die ihre Gesichter mit Ketchup beschmierten.
Er freute sich, als er zufällig einen Bekannten traf. Aber der hatte leider keine Zeit. Denn er hatte das beliebte Rundreisebillet für nur 32 DM gelöst, das ihn berechtigte, mit der Zahnradbahn hinauf- und der Großkabinenbahn wieder hinunter zu fahren. Außerdem wollte der Bekannte schnell noch einen Abstecher nach Österreich machen und in Ehrwald Kaffee trinken. Da mußte er sich ranhalten, wenn er seine Anschlüsse nicht verpassen wollte.
Da war der Bergsteiger R. wieder allein. Er hätte gern mit einem gesprochen, der – wie er – zu Fuß heraufgekommen war; aber er konnte keinen finden. Er fühlte sich wie ein Mensch vom anderen Stern. Die Leute starrten ihn erstaunt an; so etwas Exotisches bekam man hier oben selten zu sehen, sonst nur Inder, Japaner und so. Er versuchte, sich anzupassen, fuhr Rolltreppe, aß Würstchen mit Senf, studierte die Fahrpläne, führte ein Ferngespräch mit Freunden in Frankfurt, kaufte sich einen Maßkrug mit Musik, passierte die Grenzstation vorschriftsmäßig in beiden Richtungen, suchte die Toiletten auf, legte sich auf der Terrasse in einen Liegestuhl, wechselte Schillinge gegen Mark, blickte durchs Automatenfernrohr, trank einen Piccolo, lauschte den Ansagen der Lautsprecher in den Warteräumen und verstand immer nur Bahnhof!
Erst als er schon wieder auf dem Rückzug war, jetzt über Schneeferner und Knorrhütte durch das Reintal, fiel ihm ein, daß er von der berühmten Aussicht, »der schönsten in den Nördlichen Kalkalpen«, nichts gesehen hatte.

König Ludwigs heimliche Residenzen

Die Berghäuser am Altlacher Hochkopf, in den Soiern
und am Schachen

Jahr um Jahr fahren die bayerischen Königsschlösser neue Besucherrekorde ein. Zweieinhalb Millionen sind es beim letzten Kassensturz gewesen: 621 000 in Herrenchiemsee, 759 000 in Linderhof, beide deutlich distanziert noch von Neuschwanstein mit über einer Million! Das von der Prachtentfaltung des Märchenkönigs geblendete Publikum pflegt nicht schlecht zu staunen, wenn es erfährt, daß Baulöwe Ludwig sich zwar penibel um den Fortgang der Arbeiten und auch um alle dekorativen Details gekümmert, seine schlüsselfertigen Schlösser aber nur selten benutzt hat. Das Prunkbett im »Paradeschlafzimmer« der (freilich nie ganz vollendeten) Versailles-Imitation Herrenchiemsee ist immer leer geblieben.

Von Kind an hatte es Ludwig in die Berge gezogen. Und diese Sehnsucht ist stärker, triebhafter geworden von dem Augenblick an, da er, erst neunzehnjährig, köngliche Verantwortung zu tragen hatte. Nur »auf Bergeshöhen, in Gottes freier erhabener Natur« fühle er sich heimisch, schreibt er an Richard Wagner. Und das muß man wohl ganz ernst nehmen. Denn bevor seine geträumten Schlösser Gestalt wurden, begnügte er sich mit schlichten Refugien im Gebirge, wenn ihn der Überdruß an der Zivilisation übermannte. Tief versteckt in den bayerischen Vorbergen zwischen

Isar und Lech sind diese Zufluchtsorte nie berühmt geworden, meistens längst in Vergessenheit geraten. Sie sind abgebrannt wie die Hundinghütte im Graswangtal, die der Opernwelt des ersten »Walküre«-Aktes nachempfunden worden war, oder zweckentfremdet, wie die Unterkunftshäuser am Herzogstand, am Pürschling, bei den Soiernseen. Nur wenige der Bergwanderer, die dort auf eine Suppe oder ein Nachtquartier einkehren, ahnen etwas von der königlichen Vergangenheit. Allein das Jagdschloß Schachen im Wettersteingebirge hat sich als bescheidene Sehenswürdigkeit – mit knapp 7000 Besuchern im Jahr – etablieren können. Müßte man nicht drei, vier Stunden zu Fuß dorthin aufsteigen, wären es sicher ein paar mehr.

Flucht aus der Stadt an den Busen der Natur – dafür haben heute alle Verständnis, zumindest in der Theorie. Vor hundert Jahren waren solche Ideen nichts weniger als normal, allenfalls Künstlern erlaubt, doch keinesfalls einem König. Als Ludwig am Ende seines Lebens offiziell für geisteskrank erklärt und entmündigt worden war, ging es in erster Linie ums Geld: Die Schulden, in die er das Land, seiner Bauleidenschaft zuliebe, gestürzt hatte, waren zum heikelsten Politikum geworden, und die Wege, auf denen er die Kasse zu sanieren suchte, selbstmörderisch. Doch viele seiner Untertanen haben ihn schon lange vorher für verrückt gehalten – einfach aus dem Grund, weil es ihm in der Abgeschiedenheit der Berge besser gefiel als in der Residenzstadt München mit ihrer oberflächlichen und selbstgerechten Hofgesellschaft. »Wie sehne ich mich fort aus dem gräßlichen Stadtgetriebe nach den lieben Bergen, denn auf den Bergen ist Freiheit«, schreibt er, ganz vertrauensselig, wiederum an Wagner.

Wir sehen das heute lockerer und wären gern bereit, unter unseren Spitzenpolitikern denen ein Vertrauensvorschuß einzuräumen, die ihren Amtsgeschäften gelegentlich »draußen im Lande« nachgingen und nicht ausschließlich in den vielfach verbarrikadierten Bunkern ihrer Regierungszentralen. Ein anschauliches und anziehendes Bild vom zeitweiligen Arbeitsstil Ludwigs hat Luise von Kobell geliefert, die als Gattin eines königlichen Kabinettsekretärs Augenzeugin sein durfte:

»Unternahm der König einen Ausflug ins Gebirge, so wurde ihm der Geschäftseinlauf entweder durch reitenden Boten nachgesandt, oder der Kabinettschef und der Hofsekretär wurden zum Vortrag in eines der Jagdhäuser beschieden. Denn der König legte stets einen hohen Wert darauf, daß die Regierungsgeschäfte ohne Aufschub erledigt würden. Welch' reiches, lebendiges Treiben

zog dann plötzlich in eine stille Gegend ein, wo sonst wilde Bergeinsamkeit herrschte.
Ein paar Mal wickelten sich zur Sommerzeit die Staatsgeschäfte vor dem Forsthaus in Altlach am Walchensee ab. Der Förster hatte Haus und Flur von oben bis unten scheuern lassen, Stühle und Tische in die Wiese gestellt, eine rote Wolldecke darüber gedeckt, einen riesigen Blumenstrauß darauf postiert, seine Dachshunde in die Hundehütte verbannt, und ehrerbietig wartete dann der Förster der Dinge, die nun kommen sollten. Da sprengte der König mit seinem Pferd und Wagentroß daher. Eisenhart erschien mit seinem Portefeuille, und der Vortrag fand im Freien statt.
Die Scenerie war eigenthümlich. Im Hintergrund der Wiese lagerten die Reitknechte und reihten sich die Fahrzeuge aneinander. Der König setzte sich, die schottische Mütze auf dem Kopf, im Reisekostüm an den Tisch, rückwärts von ihm, stramm aufrecht, zwei Lakaien, vor ihm stand sein Kabinettschef im schwarzen Frack, den Claquehut unter dem Arm, und berichtete mit lauter Stimme über die von verschiedenen Ministern eingesandten Vorschläge; dann und wann mischte sich das Tönen einer Kuhglocke darein, oder das Gekläffe der über ihre Haft erbosten Hunde.

Nachdem der König die letzte Entscheidung getroffen und die Unterschriften gefertigt hatte, verabschiedete er leutselig seinen Sekretär, gab ein Zeichen, und wie durch eine Zauberformel verschwand die ganze Gesellschaft. Stumm blieb der Förster noch geraume Zeit vor seinem Hause stehen, hatte er geträumt oder war es Wirklichkeit gewesen?«

Altlach ist ein winziger Weiler am südlichen Walchenseeufer und am Fuße des Hochkopfs, einer bewaldeten und so unbedeutenden Bergkuppe, daß sie in keinem Wanderführer der Region in Erscheinung tritt. Aber immer noch steht am Gipfel die Jagdhütte, die in den sechziger Jahren der Lieblingsaufenthalt des jungen Königs gewesen war. Von der Bank an der Westseite des Häuschens hat man – heute wie damals – einen bezaubernden Blick auf das obere Isartal und das Wettersteingebirge dahinter.

»Gestern begab ich mich nach dem geräuschvoll unruhigen Treiben des Tages (Fronleichnam) hierher nach dem abgeschiedenen, trauten Hochkopf, wo ich auflebe in wonniger Einsamkeit, fern der Welt, die stets mich verkennt und mit der ich auch nie und nimmer mich befreunden kann und will. – Warum diese stille, einfache Hütte mir werth und theuer ist und zwar werther als alle königlichen Schlösser mit ihrem Glanz und hohlen Prunk, brauche ich dem Theuren wohl kaum zu sagen; denn die traute Stätte war ja auch für ihn ein Zufluchtsort ...«

Der »theure« Adressat des Briefes war noch einmal Richard Wagner, den der König – als eine seiner ersten Amtshandlungen – aus einer schweren Krise heraus nach München geholt hatte. Auch hier muß man ein schiefes Bild zurechtrücken: Ludwig II. verehrte Wagner und behandelte ihn mit fürstlicher Großzügigkeit, was ihm unverzüglich Ärger mit seinen Ministern einbrachte. Aber er war kein unkritischer Schwärmer und achtete sehr wohl auf die künstlerische Gegenleistung, die der Komponist sehr bald mit der sensationellen Uraufführung von »Tristan und Isolde« am 10. Juni 1865 im Münchner Hoftheater ablieferte.

Der Zufluchtsort am Altlacher Hochkopf freilich ist Wagner weniger verklärt in Erinnerung geblieben, als der König meinte, der den Meister zur Genesung von einer weiteren Depression dorthin eingeladen hatte. Zehn Tage im August 1865 verbringt Wagner in der totalen Einsamkeit der Hütte; einziger Gesellschafter ist sein Diener Franz. Anfangs genießt der weltläufige Komponist die Primitivität des Hüttenlebens, wo selbst die Beschaffung von Trinkwasser mühsam ist. Doch schon am dritten Tag notiert er in sein Tagebuch: »Krank und elend. Große Erkältung: Fieber. Hier einsam – Ich kann mich nicht von der Stelle bewegen.« Das gleichzeitig einsetzende »üble Wetter« – es gießt in Strömen – gibt ihm den Rest. Nach einer guten Woche verläßt er das allzu romantische Refugium fluchtartig. Unter all den Plätzen zwischen Riga und Palermo, London und Venedig, Paris und Wien, an denen der rast- und heimatlose Wagner sich aufgehalten hat, ist ihm der Altlacher Hochkopf sicher der exotischste gewesen!

Zwei Stunden steigt man auf vom Walchensee zur Hütte am Hochkopf, an die vier sind es zum Jagdhaus an den Soiernseen oberhalb von Krün. Dessen hat Ludwig sich allerdings erst im Jahr darauf entsonnen – zum Glück für Wagner, den wir uns auf längeren Bergwanderungen nur mühsam vorstellen können. Eine königliche Anweisung vom 19. Februar 1866 gibt Auskunft über die Allerhöchsten Intentionen:

»Das Jagdhaus auf den Soyern, dessen Erbauung Ich im vorigen Jahr zurückgestellt hatte, wünsche Ich nunmehr doch ausgeführt und habe zur Beschleunigung der Sache die desfallsigen vorläufigen Einleitungen auf mündlichem Wege treffen lassen, sowie auch meine Hofkasse angewiesen, die entsprechenden Mittel bereit zu halten. Ich erwarte, daß während der für den Bau selbst nicht geeigneten Jahreszeit wenigstens die möglichen Vorarbeiten vorgenommen werden, und will den Mir seinerzeit vorgelegten Plan ausdrücklich genehmigt haben.«

Bleiben wir noch ein wenig beim Datum dieser Anweisung: Die ersten Regierungsjahre des jungen Königs waren die spannungsreichsten, die das Königreich Bayern vor 1914 zu bestehen hatte. In Berlin arbeitete Bismarck auf die »kleindeutsche Lösung« unter Führung von Preußen hin; die Mittelstaaten des Deutschen Bundes, allen voran Bayern, drohten in der Auseinandersetzung mit Österreich unter die Räder zu geraten. Wie man heute weiß, hat Ludwig II. sich bei den innerdeutschen Querelen nicht schlecht geschlagen, ungeachtet seiner Unerfahrenheit und des geringen Spielraumes, der ihm zu Gebote stand. In den sechziger Jahren ist er sehr wohl noch fähig gewesen, die Anforderungen von Politik und Repräsentation zu erfüllen und außerdem zu tun, was ihm am Herzen lag. Bayern ist in seiner Geschichte immer nur schlecht gefahren, wenn seine Fürsten Großmacht spielen wollten. Und es war immer ganz gut dran, wenn sie Deckung suchten vor den Stürmen der großen Politik, die über das Land fegten. So gesehen ist Ludwig, der Bayern aus allen abenteuerlichen Aktionen herausgehalten hat, kein schlechter Herrscher gewesen.

Während die Preußen in Böhmen gegen Österreich aufmarschierten und Moltke die Schlacht von Königgrätz gewann, wurden die Arbeiten am Soiernhaus weisungsgemäß zügig in Angriff genommen. Allerdings: Die Bayerischen Truppen kamen zu spät auf dem für sie vorgesehenen Kriegsschauplatz in Franken an, und so war der deutsche »Bruderkrieg« schnell zu Ende. Als Bismarck schon wieder Geheimverhandlungen mit dem bayerischen Ministerpräsidenten wegen eines abzuschließenden Schutz- und Trutz-Bündnisses gegen Frankreich führte, erhielt das Soiernhaus erst einmal Teppiche, Papiertapeten und einen kleinen Aussichtsturm, von dessen Plattform Ludwig Ausschau in die Bergwelt halten konnte. Ein Reitweg zur Schöttlkarspitze (heute verfallen) wurde angelegt und auf dem Gipfel ein Pavillon errichtet, mit Chaiselongue, Kachelofen, Waschgelegenheit sowie einer winzigen Küche zur Bereitung warmer Speisen, wenn es den König nach solchen verlangen sollte. Und der »Lakaiensteig« ist in den Fels geschlagen worden, zur schnelleren Versorgung des Soiernhauses von der Fischbachalm her, heute ein kurzweiliger Weg für schwindelfreie Bergwanderer.

Um Einsamkeit schmerzlich genießen zu können, war dem König kein Weg zu weit. Aber die Einsamkeit, die er suchte, sollte – mit den Jahren zunehmend – komfortabel gepolstert und im Geschmack seiner Traumwelten arrangiert sein. Hatte er sich dergleichen in den Kopf gesetzt, wollte er von Hindernissen nichts wissen. Dann mußte eben auch ein Boot aus schwarz lackiertem Holz und mit rotem Segel den langen Weg von Krün in den Soiernkessel hinauftransportiert und in einen der beiden kleinen Seen dort oben eingesetzt werden. Ludwig ließ es »Tristan« taufen – und hat es nie bestiegen. Nach seinem Tod ist es für 50 Mark an einen Fischer vom Barmsee verkauft worden, und niemand hat es mehr gesehen.

An einer Kosten-Nutzen-Kalkulation, oder wie man das damals genannt haben mag, war der König eben nicht interessiert. Wenn Neues ihn faszinierte, war das Alte schnell vergessen. Im Sommer 1867 reiste Ludwig zur Weltausstellung nach Paris; Kriege haben damals den zivilisierten Verkehr zwischen den Staaten nur kurzfristig unterbrechen können. Die Weltausstellung stand auf spektakuläre Weise im Zeichen der Faszination durch den »maurischen« Orient, insbesondere durch dessen Architektur. Für deren märchenhaft-phantastische Formensprache war keiner empfänglicher als Bayerns immer noch sehr junger König. Die Folgen zeigten sich bald. Orientalisches überall: im (zerstörten) Wintergarten der Münchner Residenz, im Maurischen Kiosk des Schlosses Linderhof (der nota bene offizieller Beitrag des Königreiches Preußen zur Pariser Weltausstellung gewesen und von Ludwig später nur angekauft worden war!) und im Königshaus auf dem Schachen.

Zum 1866 Meter hohen Schachen im Wettersteingebirge führt von Partenkirchen aus ein vier bis fünf Stunden langer, recht mühsamer Fußsteig. Dort oben entdeckte ein Hofbeamter den Bauplatz, den ausfindig zu machen der König ihm aufgetragen hatte. Es sollte ein schlichtes Refugium werden: ein bretterverschaltes Bauwerk auf quadratischem Grundriß, in dem fünf einfache Zimmer vorgesehen waren. Doch über Nacht muß die »maurische Welle« Ludwig wieder mitgerissen haben. Er verlangte nun, daß der Bau um eine Etage aufgestockt und dort ein Türkischer Saal mit einem großen Springbrunnen in der Mitte eingerichtet werden solle! Angesichts der befremdlichen Selbstdarstellung Preußens in Paris muß man ihm sicher mildernde Umstände »wg. Zeitgeist« zubilligen. Aber die Etablierung orientalischer Exotik mit Wasserspielen nach dem Vorbild der Sultanspaläste von Istanbul im kargen Kalkfels des Wettersteins ist schon ein besonders starkes Stück.

Die Bauarbeiten am Schachenschloß dauerten drei Jahre, von 1869 bis 1872. Unterdessen hatte Frankreich den Krieg gegen Preußen und dessen Vebündete verloren, war ein neues Deutsches Reich gegründet und ein Deutscher Kaiser preußischer Provenienz proklamiert worden, begann der allmächtige Reichskanzler Bismarck kräftig nach Bayern hereinzuregieren. Es gab viel Ärger und Unzufriedenheit im Lande. Ludwig, der den bayerischen Souveränitätsverlust nicht minder schmerzlich empfand als die meisten seiner

Untertanen, vertiefte sich immer mehr in seine großen Bauprojekte Linderhof und Neuschwanstein, ohne das Haus am Schachen aus den Augen zu verlieren. Im Gegenteil, er hat es öfter besucht als alle anderen Fluchtplätze in den Bergen, Linderhof ausgenommen.
Da dem König der schweißtreibende Ansteig von Partenkirchen nicht zugemutet werden konnte, wurde ein Fahrweg von Klais über die Elmau angelegt. Ludwig pflegte mit einem zweirädrigen Bergwagen anzureisen, dem ein Pony vorgespannt war. Ein paar Jahre lang kam er regelmäßig für acht Tage zum Schachen, um hier am 25. August seinen Geburtstag zu feiern, allein, nur in Gesellschaft seiner Bediensteten. Zur Ankunft mußte das ganze Haus ringsum von kleinen Wachslichtern in farbigen Gläsern beleuchtet werden, die beim Herannahen des Königs angezündet wurden. Der damalige Kücheneleve Theodor Hierneis, später Erster Mundkoch bei

Hofe, erinnert sich: »Da vom Sichtbarwerden des Spitzenreiters mit seiner helleuchtenden Laterne noch viele Serpentinen bis zum Schloß zu überwinden sind, reicht die Zeit gerade noch hiezu. Auch ein großes Feuerwerk muß den König begrüßen. Einmal ist es schon früh 5 Uhr geworden, so daß die Raketen statt durch die Nacht zu zischen, lustig in den sonnenhellen Tag fliegen.«
Höhepunkte der königlichen Aufenthalte auf dem Schachen waren die Stunden, die Ludwig im Türkischen Saal verbrachte. Luise von Kobell hat uns überliefert, wie er bei angestelltem Springbrunnen sich in die märchenhafte Welt von Tausendundeiner Nacht hineinträumte: »Hier, zwischen den zwei Fenstern, saß in türkischer Tracht Ludwig II. lesend, während der Troß seiner Dienerschaft, als Moslem gekleidet, auf Teppichen und Kissen herumlagernd, Tabak rauchend und Mokka schlürfend, wie es der königliche Herr befohlen hatte, der dann häufig überlegen lächelnd die Blicke über den Rand seines Buches hinweg auf die stilvolle Gruppe schweifen ließ. Dabei dufteten Räucherpfannen und wurden große Pfauenfächer durch die Luft geschwenkt, um die Illusion täuschender zu machen...«
Aber die schöne Täuschung hielt, wenn überhaupt, nicht lange vor. Ludwig war es nicht gegeben, den entrückten Zustand zu genießen, in dem er die Außenwelt, ihre Lasten, Pflichten und Bedrängnisse zu vergessen suchte. In der Einsamkeit wurde alles nur noch schlimmer, und seine Menschenscheu steigerte sich zur Menschenverachtung. Wie ihm die einfache Bergnatur schon lange nicht mehr genügte, die er in den schlichten Hütten am Hochkopf oder in den Soiern gesuchte hatte, so wurde ihm bald auch der Türkische Saal auf dem Schachen zu eng. Immer größer, immer phantastischer mußten seine Zufluchtsorte – Linderhof, Neuschwanstein, Herrenchiemsee – werden. Doch auf der Flucht vor der realen Welt traf er am Ende nur noch sich selbst. Das müssen schreckliche Begegnungen gewesen sein.

Kein Tribut an den Fortschritt

Bad Heilbrunn und seine Adelheidquelle

Das Ortsbild ist bezaubernd: So etwa müssen die schönsten Dörfer in Oberbayern ausgesehen haben, bevor sie dem protzigen Konsum- und Kommerztourismus erlegen sind, der dann den soliden und wohlanständigen Sommerfrischen schnell den Garaus gemacht hat. Weder Hochbauten und Appartmentblocks noch Supermärkte und Busparkplätze – der ganze neumodische Schnickschnack fehlt, mit dem oberbayerische »Bilderbuchdörfer« dem scheinbaren Fortschritt ihren Tribut entrichtet haben. Es gibt Häuser im Ort, die man anderswo längst als unrentabel abgerissen hätte. Es gibt noch eine Menge Platz mit unbebauten Wiesen und viel Luft zwischen den Grundstücken. Das Ganze eingebettet in die Wiesen und Wälder der Voralpenlandschaft zwischen Bad Tölz und Benediktbeuern, zwischen Isar und Loisach! Unmittelbar im Süden steigen Waldberge zu unbedeutenden Höhen auf. Aber die vielbesungene Benediktenwand ist gleich dahinter und vieles mehr, was man nicht sehen, nur ahnen kann.
Und dennoch liegt Melancholie über dem Ort. Hier spürt man sie leiser, dort bedrückender. Sie kommt aber nicht von der Jahreszeit. Schöner können Oktobertage nicht sein. Sanftes Licht und milde Wärme erfüllen das Land; Geranien, Astern und Zinnien leuchten intensiver denn je; die Apfelbäume in den großen Gärten tragen schwer an ihren Früchten – wer sich wohl noch die Mühe macht, sie zu ernten? Für die Kühe aber ist jeder spätherbstliche Sonnentag auf der Weide ein Geschenk Gottes. Daß sie das offensichtlich nicht begreifen, ist eine andere Sache.

Die Melancholie sitzt tiefer. Denn Bad Heilbrunn, der Name sagt es überdeutlich, ist eben kein Kuhdorf, sondern ein Kurbad. Und da ist es mit Nostalgie allein nicht getan. Da müßte es eigentlich ganz anders hier ausschauen. Vergleichsmöglichkeiten aus der engeren wie weiteren Nachbarschaft haben wir ja: Bad Tölz zum Beispiel, Bad Wiessee oder Bad Reichenhall. Doch mit denen läßt Bad Heilbrunn sich nicht vergleichen. Ein repräsentatives Kurzentrum ist auch nach langem Suchen nicht zu entdecken; es gibt nämlich keines. Die Trink- und Wandelhalle nimmt sich aus wie ein langgestreckter Bungalow in der bescheidenen Bauweise der fünfziger Jahre. Und das Gebäude, das die Adelheidquelle beherbergt, ist ein niedlicher Winzling von Kuppelbau neben der Kirche Sankt Kilian. Den Kurpark, na ja, den hätte man im Grunde gar nicht gebraucht; denn in Ruhe spazierengehen kann man hier eh überall.

Die große Zeit von Bad Heilbrunn liegt weit zurück. Es gibt Hinweise darauf, daß die Jodquelle bereits in vorchristlicher Zeit bekannt gewesen ist. Erwähnt finden wir sie erstmals in den Annalen des Kosters Benediktbeuern von anno 1159. Damals hatte der Abt Walther Anweisung gegeben, die vom Hörensagen bereits bekannte Quelle freizulegen und nutzbar zu machen. Die Bemühungen um das heilende Wasser trugen bald Früchte, und ein Jahrhundert später – anno 1253 – wurde über der Fassung des Quellbrunnens das Heiligtum des Quellenpatrons Sankt Kilian errichtet. Im späten Mittelalter formierten sich die schlichten Badehäuschen um den Heilbrunnen zu einem kleinen Badeort, dessen guter Ruf weit ins Land hinaus sich verbreitete und eines Tages sogar bis in die Residenzstadt München vordrang.

Oft ist es nur ein Augenblick in der Biographie eines Menschen, eines Ortes, der in die Geschichte eingeht. In Bad Heilrunn erinnert man sich heute noch und mit Stolz an die glanzvollsten Augenblicke der Ortsgeschichte: Nach dem Dreißigjährigen Krieg regierte in München der Sohn und Erbe des »großen Kurfürsten« Maximilian, Kurfürst Ferdinand Maria, verheiratet mit Henriette Adelheid von Savoyen. Zum allgemeinen Kummer blieb die Ehe, obwohl »mit Liebe vollzogen«, lange Jahre kinderlos. Da versprachen die beiden Eheleute, dem heiligen Kajetan zu Ehren in München nahe der Residenz ein Kloster mit Kirche zu erbauen, wenn sie durch seine Fürbitte mit einem Leibeserben beglückt würden. Das war im Jahr 1659.

Doch nicht allein auf den heiligen Kajetan wollte das kurfürstliche Paar sich verlassen, sondern auch selbst noch etwas Zusätzliches

tun. Am Hof zu München erinnerte man sich, daß die Quelle von Heilbrunn schon den Vorgängerinnen der Henriette Adelheid wohlgetan hatte, zuletzt noch der Witwe Maximilians I. Angesichts dieser Präzedenzfälle fiel die Wahl nicht mehr schwer. Zuvor mußte allerdings die Infrastruktur an Ort und Stelle verbessert werden, damit der Badeaufenthalt standesgemäß verbracht werden konnte. Denn was für die vorhergehenden Generationen gut genug gewesen war, reichte nun nicht mehr aus. Nach dem Elend und den Entbehrungen, die der Dreißigjährige Krieg mit sich gebracht hatte, nach der Freudlosigkeit der ersten Nachkriegsjahre, in denen es unter der Fuchtel des bekannt knauserigen Maximilian nur um den zweckdienlichen Wiederaufbau des Landes gegangen war, wollte die jüngere Generation endlich wieder das Leben genießen, auf Komfort und Repräsentation nicht mehr länger verzichten. Das Zeitalter des prunkliebenden Hochbarock kündigt sich an, sogar in dem bescheidenen Rahmen, den Heilbrunn zu bieten hatte.
Der Aufwand, der sich aus dem Badeaufenthalt der Henriette Adelheid entwickelte, war beträchtlich: Ein steinernes Badehaus und ein Wandelgang wurden errichtet, eine Wasserleitung und Stallungen für die Pferde angelegt. Am 5. Juni 1659 traf das kurfürstliche Paar – mit 350 Pferden und entsprechendem Gefolge – in Heilbrunn ein, wo die Kurfürstin fünf Wochen verbringen wollte. Der Kurfürst reiste am nächsten Tag schon wieder nach München zurück, wobei wir festhalten wollen, daß er ab Tölz mit dem Floß

die Isar hinunter fuhr. Denn das Wasser war sein Element, und er versäumte keine Gelegenheit, den Wasserweg zu wählen, wenn es sich irgendwie machen ließ. (Auch zur Wallfahrt nach Altötting reiste er per Schiff ab Wasserburg, und ebensowenig ist es ein Zufall, daß er es war, der den legendären Bucentaurus aus Venedig an den Starnberger See importiert hat!)
151 Pferde wurden auf dem Landweg nach München zurückgebracht; an die 200 müssen also in Heilbrunn geblieben sein. Und sie wurden auch gebraucht. Denn der Hofstaat, der bei Henriette Adelheid blieb, war für die Verhältnisse des verarmten Landes mehr als stattlich: Zu ihm gehörten außer der engeren Umgebung, welcher der Obersthofmeister Graf von Portia vorstand, ganze Schwärme von Bediensteten für Kammer, Küche, Keller und Stall, sodann die Leib- und Hofmedici, Beichtväter, Edelknaben, Trompeter, Harfenisten und andere Musiker sowie Büchsenspanner und Barbiere. Es fällt nicht schwer, sich vorzustellen, daß es der Kurfürstin an Lustbarkeiten und Distraktionen nicht gefehlt hat während ihrer fünf Heilbrunner Badewochen, wenngleich die Präsenz der Beichtväter – im Plural! – dafür gesorgt haben mag, daß das Unterhaltungsprogramm im züchtigen Rahmen blieb.
Aber erotische Libertinage und Frivolitäten waren am Münchner Hof dieser Zeit ohnehin nicht üblich. Das Verhältnis der kurfürstlichen Eheleute wirkt auf uns sogar recht bürgerlich, wenn wir erfahren, daß Ferdinand Maria seine Gemahlin einmal noch in Heilbrunn besucht (bei welcher Gelegenheit er auch zum Kochelsee geritten ist, ein Gewässer in seinem Lande, das er offenbar noch nicht kannte) und sie schließlich abgeholt hat, um am 11. Juli mit ihr die Rückreise nach München anzutreten, diesmal nicht mit dem Isarfloß; denn Henriette Adelheid liebte die Wasserwege weniger als er.
Der Heilbrunner Badekur war, wie es aussieht, ein voller Erfolg beschieden. Schon im Jahr danach kam die Kurfürstin mit einer Tochter nieder, dem ersten von fünf Kindern. 1662 folgte der heiß ersehnte Thronerbe Max Emanuel, der als der »Blaue Kurfürst« später sein Stammland Bayern leichten Herzens gegen eine Königskrone eingetauscht hätte, wenn es gegangen wäre – eine schillernde Figur im Szenario der europäischen Erbfolgekriege um 1700 und trotzdem erstaunlich beliebt im bayerischen Volk. Das kurfürstliche Paar hatte also allen Anlaß, sein Gelübde zu erfüllen. 1663 gab es den Auftrag zum Bau der Theatinerkirche, die nach dem Vorbild von Sant' Andrea della Valle in Rom entworfen und im Jahr 1675 – wenn auch noch nicht fertiggestellt – geweiht worden

ist. Henriette Adelheid sollte die Vollendung der Kirche nicht mehr erleben. Heute gehört diese zu den bedeutendsten sakralen Bauwerken Münchens. Doch wer denkt, wenn er die aus dem Bild der Stadt nicht mehr wegzudenkende Kirche sieht, noch an Heilbrunn? Man sollte annehmen, daß der augenscheinliche Kurerfolg sich segensreich auch für Heilbrunn ausgewirkt hätte. Doch sind weitere spektakuläre Resultate nicht bekannt geworden. Man hörte kaum noch etwas von dem lieblichen Badeort in den Wiesen vor den Bergen. Und mit der Aufhebung der Klöster im Zuge der Säkularisation zerriß die nährende Nabelschnur zwischen Benediktbeuern und Heilbrunn, das – nicht zu seinem Vorteil – in wechselnde private Hände überging. Immerhin leistete König Ludwig I. wenigstens moralische Wiedergutmachung: Er verfügte, daß der heilkräftige Brunnen künftig den Namen »Adelheidquelle« führen durfte!

Im Jahr 1912 ist die Quelle in den Besitz der Jodquellen AG Bad Tölz gekommen, was dem Ort einen bescheidenen Aufschwung bringen sollte. Der biedere bayerische Mittelstand – immer zufrieden, wenn er unter seinesgleichen bleiben kann – ließ hier seine rheumatischen Beschwerden behandeln und durchaus auch einiges Geld im Ort. Wer einen Blick für die Architektur hat, kann die Entwicklungsphasen der jüngeren Vergangenheit von Bad Heilbrunn am Baustil der Sanatorien, Gästehäuser und Pensionen rekonstruieren: Einige herrschaftliche Villen stammen noch aus der Zeit vor 1914; die zwanziger und dreißiger Jahre haben ihre Signaturen ebenso hinterlassen wie die fünfziger und sechziger Jahre. Seither hat sich architektonisch kaum noch etwas manifestiert.
Die Verbindung zum »großen Bruder« in Bad Tölz scheint für Bad Heilbrunn weniger vorteilhaft zu sein als die frühere zum Kloster Benediktbeuern. Was auf den ersten Blick so liebenswert und freundlich ausschaut, hat auch eine Kehrseite: die wirtschaftliche Stagnation. Derzeit jedenfalls sind Bad Heilbrunns gewichtigste Vorzüge seine Lage in der noch kaum zerstörten Voralpenlandschaft zwischen Kuhwiesen und Waldgebirge, Isar und Loisach sowie die Ruhe und Gelassenheit, mit denen man hier seine Tage in herrlicher Luft verbringt. Es wird sich zeigen, ob das alles die perfektionierte, aber oft auch seelenlose Gesundheitsmaschinerie aufwiegen kann, ohne die heute angeblich kein Heilbad mehr über die Runden kommt.

Die ersten Pipelines der Welt

Soleleitungen zwischen Berchtesgaden und Bad Reichenhall

Der Soleleitungsweg zwischen Berchtesgaden und Ramsau ist ein beliebter Spazierweg: Kommod ausgebaut, ohne große Steigungen, und man hat eine schöne Aussicht! Verständlich, daß die meisten Spaziergänger in die Ferne, auf die Berge schauen und kaum vor ihre Füße. Nur wenigen fallen deshalb die Holzplanken auf, die gelegentlich im Weg sichtbar werden und die in Wahrheit keine Planken sind, sondern »Deicheln«. Niemand muß sich jetzt schämen, weil er nicht weiß, was Deicheln sind. Das Wort kommt aus dem Fachchinesischen und ist selbst da aus dem Sprachgebrauch verschwunden, weil es die Sache nicht mehr gibt.
Deicheln sind lange, besonders bearbeitete und ausgehöhlte Baumstämme, die sorgfältig zusammengefügt werden mußten, damit das Naß, das man durch sie fließen ließ, nicht verlorenging. Das Naß aber war die Sole, das stark salzhaltige Wasser, das vor etwa 170 Jahren aus dem Berchtesgadener Salzbergwerk in Richtung Reichenhall auf die Reise geschickt worden ist. Eine richtige »Pipeline« also, die notwendig geworden war, weil die hiesigen Salinen, in denen das Salz gesotten wurde, so viel Brennholz verschlangen, daß der Waldbestand der Umgebung sich auf dramatische Weise verringerte. Und daß ohne Wälder in dieser hochaufragenden Gebirgslandschaft bald kein Leben mehr möglich sein würde, das hat man damals auch schon gewußt. Das Problem wurde gelöst auf eine Weise, die uns heute ganz vertraut erscheint:

Es wurde verlagert – von Berchtesgaden nach Reichenhall! Dort wiederum war man schon zwei Jahrhunderte vorher mit demselben Problem konfrontiert worden, und der damalige bayerische Kurfürst hatte die Anlage einer allerersten »Ur-Pipeline« veranlaßt, die von Reichenhall nach Traunstein führte.
Auf meinem Spaziergang über den Berchtesgadener Soleleitungsweg komme ich am liebevoll aufgestellten Deichel-Depot vorbei, wo man die hölzernen Röhren sehr schön und rundum anschauen kann. Aber ich sehe schon: Die Sache mit dem Salz läßt sich nicht im Vorbeigehen erfassen, man muß da tiefer eindringen – tiefer in die Erde, tiefer in die Vergangenheit.
Das Salz der Erde ist in Wahrheit das Salz des Meeres. Die Fläche der heutigen Ostalpen – grob gesagt: zwischen Innsbruck und Wien – war im Erdmittelalter vom Meer bedeckt. Die Salzkruste, die es hinterließ, ist später von Gebirgsauffaltungen überlagert worden. An einzelnen Stellen traten die salzführenden Schichten auch zutage. Frühe Hirtenvölker haben das daran gemerkt, daß ihre Herdentiere so gern an den salzigen Steinen leckten und nur noch schwer zum Weiterziehen zu bewegen waren. Also blieben sie da und wurden seßhaft, vor 2700 Jahren etwa, in Hallstatt am Dachstein, am Dürrnberg im Salzachtal, am Gruttenstein in Reichenhall. Die Funde aus frühgeschichtlicher Zeit weisen auf eine hochstehende (Hallstatt-)Kultur und einen blühenden Handel mit den mediterranen Regionen hin: Salz wurde gegen Waffen, Weinamphoren, attische Vasen und Schmuck eingetauscht.
Von den Kelten haben die Römer gelernt, aus dem Salz Nutzen zu ziehen. Die Umgebung des heutigen Berchtesgadener Landes gehörte zur Provinz Noricum und war dem römischen Salzmonopol unterstellt. Natürlich bauten die Römer auch hier ihre Straßen; eine spezielle Salzstraße führte von Reichenhall nach Adelstetten, mit Anschluß an die Überlandverbindung Salzburg–Augsburg. In das Vakuum, das die Römer nach ihrem Abzug, gegen Ende des 5. Jahrhunderts, hinterließen, drangen allerlei herumschweifende Völker ein. Vermutlich waren es die Horden des Hunnenkönigs Attila, die die Reichenhaller Saline so nachhaltig zerstörten, daß sie erst zwei Jahrhunderte später wieder in Betrieb genommen werden konnte.
Bayernherzog Theodo stiftete dem Salzburger Bischof Rupertus um 700 nicht nur das Land um Salzburg, sondern auch ein Drittel der wiederhergestellten Salzpfannen in Reichenhall und den Zehnten vom Salzsoll. Seitdem gilt Rupertus als der Schutzheilige des Salzbergbaus und des Salzhandels und wird gern mit dem segenspendenden Salzfaß dargestellt.

In Berchtesgaden regierten dagegen selbstbewußte Kirchenfürsten, unabhängig von Bayern wie von Salzburg. Später sollten sie als Fürstpröpste sogar im Reichstag zu Regensburg auf der reichsunmittelbaren Fürstenbank sitzen. Doch nachdem in der Propstei Berchtesgaden auch Salz entdeckt worden war, hätten die Salzburger Bischöfe das Nachbarländchen allzugern in ihren Besitz gebracht. Es beginnt eine jahrhundertelange Serie von Prozessen, Pfändungen, Überfällen und regelrechten Salzkriegen. Die Salzburger sind immer im Angriff. Erst mit einer handfesten Urkundenfälschung, später mit Zerstörung von Salzpfannen, mit einer vorübergehenden Annektion der Propstei, schließlich mit der erzwungenen Pfändung der Saline in Schellenberg.
Kontrahenten sind aber nicht nur die beiden geistlichen Landesherren in Salzburg und Berchtesgaden. Um die Sache erst richtig zu komplizieren, wird der eine vorzugsweise vom Papst, der andere in der Regel vom Kaiser protegiert. Und noch ein fünfter mischt fleißig mit: der Herzog von Bayern, dessen Nachfahren später den ganzen Segen kassieren können, ein- für allemal.
Die Bayernherzöge waren sich der Einträglichkeit des Salzes seit jeher bewußt. Das wird spätestens mit dem Piratenakt Heinrichs des Löwen deutlich, der anno 1157 die Isarbrücke bei Oberföhring, die dem Bischof von Freising gehörte, abbrennen ließ, um eine

neue etwas weiter im Süden – bei der klösterlichen Niederlassung »Zu den Munichen« – zu bauen. Damit konnte er fortan den Brükkenzoll einstreichen, den die Salzfuhrwerke aus Reichenhall zu entrichten hatten, wenn sie ihre Fracht in den Westen des Reiches transportierten. Wie gewinnbringend der Transit des Salzes vom Untersberg für die Münchner auch werden sollte – noch im 14. Jahrhundert schätzte der Fiskus das Vermögen der Bürger von Reichenhall weit höher ein als das der Münchner!
In der Fürstpropstei Berchtesgaden erlebte man zwischendurch auch einmal ruhigere Zeiten. Im 16. Jahrhundert konnte der Salzbergbau hier beträchtlich ausgebaut werden. Zusätzlich zur Saline bei Schellenberg legten die Pröpste eine zweite Sudpfanne in Frauenreuth an der Ache an. Der erste Stollen am Petersberg, der Petersbergstollen, wurde 1517 angeschlagen. Ihm folgten 1558 der Frauenberg und 1628 der Ferdinandsberg, in den man heute zur Besichtigung einfährt. Doch die neuen Aktivitäten in Berchtesgaden erweckten bald wieder neue Gelüste in Salzburg. Der streitbare Erzbischof Wolf Dietrich von Raitenau versuchte zunächst mit List, dann mit Gewalt, die Propstei in seine Gewalt zu bekommen. Erzürnt schickte Herzog Maximilian I. von Bayern, Bruder des Fürstpropstes Ferdinand, eine Streitmacht von 10000 Soldaten, die das Ländchen befreiten, Laufen und Salzburg einnahmen. Wolf Dietrich wurde von Maximilian im Jahr 1611 zur Abdankung gezwungen.
Die Pröpste taten gut daran, sich an den mächtigeren Nachbarn Bayern anzulehnen. In Reichenhall, das bereits seit 1504 zum Herzogtum gehörte, war man gut damit gefahren. Anlagen und Brunnenschächte waren modernisiert, die Quellen neu gefaßt worden; Baumeister war Erasmus Grasser aus München gewesen, der berühmte Steinmetz und Schnitzer der Moriskentänzer. Die Bayern-Herzöge wußten offensichtlich, was sie am Salz hatten. Zunächst haben sie sich das Monopol auf die Salzproduktion gesichert, dann monopolisierten sie auch den Handel. Auf diese Weise erschlossen sie so lukrative Einnahmequellen, daß die Produktion in Reichenhall auf mehr als den doppelten Umfang erweitert werden konnte. Im Jahr 1606 verließen 370000 Zentnersäcke mit Salz die Salinen am Gruttenstein.
Aber schon begann das Holz, das man zum Sieden benötigte, in und um Reichenhall knapp zu werden. Und als 1613 »Ein neus Salzflüßl« erschürft wurde, bekam die Brennholzfrage allererste Priorität. In der herzoglichen Hofkammer rauchten den Räten die Köpfe, aber nicht vergebens. Der schließlich rettende Vorschlag sah vor,

eine Soleleitung von Reichenhall nach Traunstein zu legen, wo ausreichende Holzlager und Torfmoore zur Verfügung standen. Der Hofbaumeister Hans Simon Reifenstuel übernahm die schwierige Aufgabe, diese Leitung – die erste Pipeline der Welt! – zu konstruieren. Nach nur zweijähriger Bauzeit konnte er im Jahr 1619 – der Dreißigjährige Krieg, als solcher allerdings noch nicht erkennbar, hatte gerade begonnen – seinem Kurfürsten berichten: »Das zu Reichenhall vom Hauptbrunnen herausgeleitete Wasser ist anheute hier eingerunnen und nach gehabtem Gottesdienst mit Sieden der Anfang gemacht...«

Ich kann mich gut in die Lage eines Archäologen versetzen, der beim Ausgraben einer alten Kulturschicht in eine noch ältere vordringt. Deshalb lasse ich, zunächst einmal, den hübschen Soleleitungs-Spazierweg Berchtesgaden–Ramsau im Stich, setze mich ins Auto und fahre über Schneizlreuth an den Thumsee vor Bad Reichenhall. Hier ist kürzlich eine Teilstrecke des Weges wieder begehbar gemacht worden, der die Reifenstuel'sche Soleleitung begleitet hat, damit die Streckenwärter (wie bei der Eisenbahn) den Leitungsstrang der Deicheln überwachen und notfalls reparieren konnten.

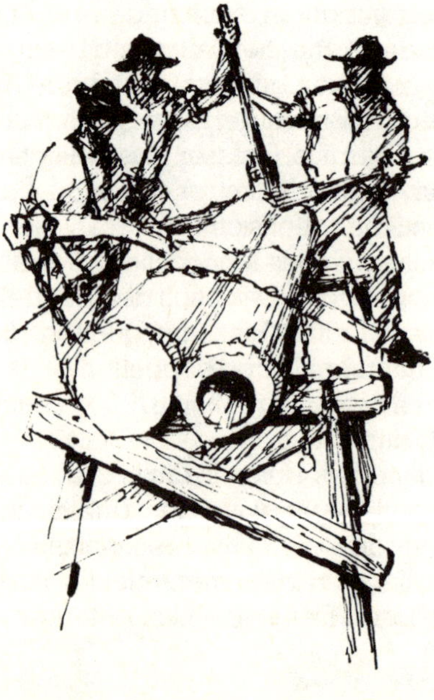

Der Weg führt oberhalb der Staatsstraße nach Wegscheid bis zur Antoniuskapelle, und an ein paar ausgewaschenen Bergreißen kann man den Baumstammröhren noch in ihr schwarzes Innenleben blicken. Von der Kapelle führen 162 Holzstufen zum Plateau am Antoniusberg hinauf, wo ein kleines Blockhaus mit Informationszentrum wartet. Doch mehr als in den hier ausgestellten Bildern und schematischen Darstellungen macht die Leiter selbst das Problem und die überragende technische Leistung dieser Konstruktion anschaulich: In der Gebirgslandschaft mit ihrem ständigen Auf und Ab mußte die Sole auch den Berg hinauf fließen können!
Denn Reichenhall liegt nur 470 Meter über dem Meer; der höchste Punkt, den die Soleleitung zu überwinden hatte, aber auf 730 Meter. Überall, wo Gegensteigungen zu bewältigen waren, ließ Reifenstuel Brunnhäuser errichten, von denen aus die Sole auf die nächsthöhere Stufe gepumpt werden konnte. Die Pumpwerke wurden von bis zu sieben Meter hohen Wasserrädern angetrieben, denen das »Aufschlagwasser« aus den Bächen der Umgebung zugeleitet werden mußte. Auf der Strecke zwischen Reichenhall und Weißbach/Inzell, von wo ab die Soleleitung nur noch dem natürlichen Gefälle überlassen zu werden brauchte, verteilen sich sieben Brunnhäuser.
Von der Antoniuskapelle führt der Soleleitungsweg noch ein Stück weiter bis Brunnen bei Wegscheid. Doch ich folge ihm nicht, sondern überquere die Staatsstraße, die sich hier durch einen Tunnel bohrt, auf einem freundlichen Holzbrückchen und erreiche die alte Tiroler Reichsstraße, die mich zum Thumsee zurückbringen soll. Dabei passiert man die Gußrohre, durch die das Wasser aus dem Gschreibachl den Solepumpen zugeleitet worden ist. Die verschiedenen Wege auf den Trassen der einstigen Sole- und Aufschlagswasserleitungen sind von der Kurverwaltung Bad Reichenhall sorgfältig beschildert worden. Doch man muß schon die Augen offen halten, um nachvollziehen zu können, was hier – im ursprünglichen Sinne des Wortes – gelaufen ist, zumal die Trassen der ersten (Reifenstuel'schen) und der 200 Jahre jüngeren (Reichenbach'schen) Leitungen sich teilweise überlagern – die reine Archäologie, wie gesagt!
Schön wäre es nun, wenn man der Soleleitungstrasse weiter bis nach Weißbach folgen könnte. Doch bei Wegscheid überdeckt eine noch jüngere »Kulturschicht« die älteren Fundstätten: die Deutsche Alpenstraße. Erst auf der Höhe des Mauthäusls zeigt ein Schild »Salinenweg« an, daß es sich wieder lohnt, ein Stück bergan zu steigen und der Trasse eines Aufschlagswasserleitungsweges

in Richtung Weißbach zu folgen. Gußrohre begleiten den Weg bis zu einem Stollen, durch den die Wasserleitung eine Felsbarriere passiert. Weiter geht es, immer oberhalb der Ortschaft Weißbach bleibend, über die vom Jochberg kommende Straße, den Pichlerhof mit den Fundamentresten eines ehemaligen Solehochbehälters bis zum Brunnhaus Nagling.

Für die Erforscher der bayerischen Salzwege müßte der Name des Weißbacher Ortsteiles Nagling den gleichen elektrisierenden Klang haben wie der des antiken Troja für die professionellen Archäologen: Je tiefer man gräbt, auf um so ältere Kulturschichten stößt man! Doch um hier fündig zu werden, braucht man keinen Spaten, nur ein paar Informationen und ein wenig Phantasie. Es

genügt ja schon, sich vorzustellen, daß oberhalb des Brunnhauses der schmale Pfad verlaufen ist, auf dem bereits zur Römerzeit die Saumtiere ihre Salzfrachten in die Ebene hinaus getragen haben. Dieser Saumpfad führte von Reichenhall über Karlstein, stieg dann – wie der heutige Jochbergweg – zur 900 m hohen Paßhöhe an und erreichte schließlich, sich wieder senkend und am heutigen Jochberg vorbei, das Weißbachtal bei Nagling.
Praktisch auf derselben Trasse ließ Ludwig der Bayer anno 1346 die »Güldene Salzstraße« anlegen, unter der wir uns allerdings kaum mehr als einen kargen Karrenweg vorstellen dürfen. Eine Straße, die diesen Namen verdient, ist erst um 1590, während der letzten Regierungsjahre Herzog Wilhelms V. gebaut worden. Sie umging den Jochbergpaß, holte weiter aus: Zwischen Thumsee und Wegscheid können wir, an der Antoniuskapelle vorbei, auf ihrer alten Trasse wandern. Auch das Mauthäusl verdankt ihr seine Existenz. Hier mußte für alle vorbeipassierenden Fahrzeuge ein Zoll gezahlt werden, damit das Herzogtum die Kosten für den aufwendigen Straßenbau wieder hereinbekam.
Die Straße hat den Salztransport ab Reichenhall wesentlich komfortabler gemacht. Dabei stand das nächste Problem schon vor der Tür, und zu seiner Lösung konnte die Straße nichts mehr beitragen. Nur zweieinhalb Jahrzehnte nach ihrer Fertigstellung liefen bereits die Projektarbeiten an der ersten Soleleitung, und hier war die Schlüsselstelle der ganzen Anlage. Denn von den 250 Metern Steigung, welche die Sole auf ihrem Weg durch das Gebirge überwinden mußte, konzentrierten sich 150 Meter auf die Talenge bei Weißbach. Drei Brunnhäuser mußten gebaut werden, Grub, Nagling und Lettenklause, von denen aus die Sole hochgepumpt wurde, bis sie wieder abwärts fließen konnte.
Die Brunnhäuser Grub und Nagling, ansehnliche Bauwerke mit den typischen Krüppelwalmdächern, stehen unmittelbar an der Straße, von kaum einem der Vorbeifahrenden beachtet. In der Hierarchie der bayerischen Sehenswürdigkeiten, die vom Hofbräu haus und Neuschwanstein angeführt wird, rangieren Soleleitungen weit unten. Aber so ist das nun einmal in der Archäologie. Es macht etwas Mühe, die einander überlagernden Schichten auseinanderzuhalten und zu unterscheiden. Und am Anfang des 19. Jahrhunderts ist über die ältere eine fast 200 Jahre jüngere Soleleitung gelegt worden...
Kein Zweifel: Reifenstuel hatte außerordentlich solide Arbeit geleistet; die lange Lebensdauer seiner Anlage spricht für sich. Doch allmählich begann der Zahn der Zeit auch an ihr (und am Holz) zu

nagen. Außerdem hatten die Verhältnisse sich geändert. Die Technik macht Fortschritte, die Produktion nahm zu, und die Saline in Traunstein litt auch schon wieder unter Brennstoffmangel. »Würde man heute noch jenen kostbaren Unternehmungsgeist besitzen, so wäre es leicht möglich, die Salzsolen bis Rosenheim hineinzuleiten«, schrieb der Geograph Matthias Flurl im Jahr 1792. Wenn das als Provokation gemeint war, so tat sie ihre Wirkung. Zwischen 1801 und 1810 baute Georg Reichenbach, zunächst im kurfürstlichen, dann im königlichen Auftrag, die zweite Soleleitung ab Reichenhall. Sie bediente sich modernerer Methoden, schaffte die dreifache Förderkapazität und war nicht mehr 31, sondern 80 Kilometer lang; denn sie endete jetzt statt in Traunstein in Rosenheim.

Treppensteigen ist mühsamer als Bergsteigen. Die 420 Stufen der »Himmelsleiter«, die vom Brunnhaus Nagling zum Solehochbehälter hinaufführt, bringen mich nicht schlecht ins Schwitzen. Trotzdem gefällt es mir auf der Leiter. Ihr gußeisernes Wesen vermittelt ein Gefühl der Verläßlichkeit – und mir als technischem Deppen die Zuversicht, gerade noch begreifen zu können, was hier mit kinderfaustgroßen Muttern zusammengeschraubt worden ist. Die Treppe begleitet die Druckleitung, durch welche die Sole von der »Niederreserve« zur »Hochreserve« hinaufgepumpt wurde; daneben verläuft die Leitung für das Aufschlagswasser, das der Pumpe im Brunnhaus die Antriebsenergien zulieferte.

Ich will mich jetzt nicht auf den Versuch einlassen darzustellen, warum die Reichenbach'schen Wassersäulenmaschinen leistungsfähiger gewesen sind als die Reifenstuel'schen Pumpen; zwei Jahrhunderte technischen Fortschritts mögen als Erklärung genügen. Jedenfalls haben sie das dreifache Sole-Quantum transportieren können. Reichenbach pumpte die Sole vom Brunnhaus Nagling nonstop zum Hochbehälter hinauf; Reifenstuel mußte noch eine Zwischenstation einlegen; 150 Höhenmeter schaffte er nicht auf ein Mal. Das alles und noch einiges mehr kann ich sehr schön auf den Informationstafeln ablesen, die am Anfang, in der Mitte und am Ende der Leiter angebracht sind. Ich lasse mir Zeit zum Lesen, weil ich dabei auch etwas verschnaufen kann...

Am Ende der »Himmelsleiter« steht der Solehochbehälter Nagling, der einzige von ursprünglich zwölf seiner Art, der noch erhalten ist. Durch ein vergittertes Fenster kann man ins Innere schauen, wo ein hölzerner Bottich mit 50 Kubikmetern Fassungsvermögen zu sehen ist. Von hier aus floß die Sole, dem natürlichen Gefälle folgend, oberhalb des Weißbachtales nach Inzell hinaus. Auf ihrem Weg nach Traunstein hatte sie keine weiteren Gegensteigungen

zu überwinden. Doch die Leitung, die neuerdings nach Rosenheim abzweigte, mußte noch dreimal – bei den Brunnhäusern Siegsdorf, Klaushäusl und Bergham – hinaufgepumpt werden, bis der Weg für sie nach Rosenheim frei war. Diese Leitung ist bis 1958 in Betrieb gewesen.

Damit der Kreis sich schließt, fahre ich jetzt wieder zurück ins Berchtesgadener Land, wo mir die ersten »Deicheln« begegnet sind, und nehme den Faden dort wieder auf, wo ich ihn – vorübergehend, wie versprochen – liegen gelassen habe: am Soleleitungsweg Berchtesgaden–Ramsau. Wir erinnern uns: Auch die Berchtesgadener Salinen litten zunehmend unter Brennstoffmangel. Gegen Ende des 18. Jahrhunderts wurde deutlich erkennbar, daß die Wälder bald nicht mehr genügend Holz würden liefern können, um die Sudpfannen unter Dampf zu halten. Die letzten Fürstpröpste, die ein nachlässiges Regime geführt und ihr kleines Land in große Schulden gestürzt hatten, waren nicht mehr in der Lage, Abhilfe zu schaffen.

Für die sorgten Napoleon, die Weltpolitik und das frischgebakkene Königreich Bayern. Im Zuge der Säkularisation verschwand die Fürstpropstei von der Landkarte, und 1810 fiel das Gebiet an den großen Nachbarn. Die Österreicher hätten es natürlich auch gern kassiert. Doch letzten Endes behielt König Max I. Joseph die Oberhand. Und kaum war die Tinte unter dem Staatsvertrag mit Österreich trocken, der den Bayern bestätigte, daß sie das Berchtesgadener Land behalten durften (14. April 1816), erließ der König den Befehl zur Planung einer Soleleitung von Berchtesgaden nach Reichenhall (28. April 1816).
Warum diese Eile? Nach zwanzig kriegserfüllten Jahren war das neue Königreich Bayern (»von Napoleons Gnaden«) wirtschaftlich

ziemlich am Ende. Hohe Kriegslasten mußten abgetragen werden, die neuen Gebietserwerbungen im Westen und Norden des Landes bedeuteten zunächst einmal eine schwere finanzielle Belastung; immerhin war die Einwohnerzahl Bayerns von einer Million auf 3,5 Millionen gestiegen. Berchtesgaden aber war fast die einzige Neuerwerbung, die eine ansehnliche Mitgift einbrachte, ihren Salzreichtum. Der konnte sofort einen Beitrag zur wirtschaftlichen Konsolidierung des expandierten Landes leisten, vorausgesetzt, die Sudpfannen produzierten mit Hochdampf. Da war keine Zeit zu verlieren.
Den Auftrag erhielt natürlich wiederum Georg Reichenbach, der seine überragenden Fähigkeiten ja gerade erst mit dem Bau der Reichenhall-Rosenheim-Leitung bewiesen hatte. Wahrscheinlich gab es zu diesem Zeitpunkt in der ganzen Welt keinen besseren Mann. Reichenbach ging mit derartigem Elan ans Werk, daß die neue Pipeline Berchtesgaden–Reichenhall bereits nach knapp zwei Jahren, im Dezember 1817, in Betrieb genommen werden konnte. Die Anwesenheit des Königs beim festlichen Eröffnungsakt in Ilsank demonstrierte die Bedeutung des Ereignisses für Bayern. Reichenbach aber war der Held des Tages. Ein königliches Dekret sicherte ihm eine lebenslängliche Rente zu; außerdem durfte er sich fortan Herr von Reichenbach nennen.
Die technischen Probleme, die Reichenbach hatte lösen müssen, waren noch weit größer als auf der Strecke Reichenhall–Rosenheim. Die Geländeverhältnisse machten hier gewaltige Schwierigkeiten. Reichenbach überwand sie mit seiner als sensationell empfundenen hydraulischen Wassersäulenmaschine, die von Ilsank aus die Sole 356 Meter hoch zum Brunnhaus am Söldenköpfl pumpte. Von da aus führte die Rohrleitung, dem natürlichen Gefälle folgend, über die Brunnhäuser Schwarzbachwacht und Jettenberg zur Reichenhaller Saline.
Die seinerzeit als »größte Maschine der Welt« gefeierte Wassersäulenmaschine, ein schönes und anschauliches Exempel früher Technik, steht heute in einem Stollen des Salzbergwerkes Berchtesgaden, wo sie von zahllosen Besuchern wie ein Recke aus der alten Sagenwelt bewundert wird. Sie galt immer als Muster an Zuverlässigkeit, wenn auch die euphorischen Darstellungen, nach denen sie über 100 Jahre ohne Defekte in Betrieb gewesen sei, nicht ganz zutreffen. Aber erst in unserem Jahrhundert wurde damit begonnen, die veralteten Anlagen durch modernere zu ersetzen. Und auch die sind inzwischen wieder überholt. Im Jahr 1960 hat man mit dem Verlegen der jetzigen Soleleitung begonnen,

die nun auf dem direkten Weg über den Hallturmpaß führt, damit elf Kilometer kürzer ist als die Reichenbach'sche und mit täglich 2400 Kubikmetern die zehnfache Solemenge befördern kann.
Schon Herzog Maximilian I. hatte gewußt, daß »das Salz eine ansehnliche Gottesgabe und nit das wenigste Eigentum des (seines) Fürstentums sei«. Seine Nachfolger haben das nie vergessen, und noch unser Freistaat profitiert nicht schlecht von der Gottesgabe des weißen Goldes. Nachdem die Salinen in Berchtesgaden (1928) und Rosenheim (1958) aufgelassen worden sind, konzentriert sich die bayerische Salzgewinnung auf die Saline Reichenhall, in der aber ausschließlich Berchtesgadener Sole versotten wird, da die Reichenhaller nicht genügt. Heute beträgt die durchschnittliche Jahresproduktion rund 200000 Tonnen Grob- und Speisesalz.
Jetzt wäre nur noch auszurechnen, wieviel der Freistaat Bayern an seinem Salz verdient. Aber im Grunde will ich das gar nicht wissen. Es genügt mir, erlebt zu haben, wie man arglos über den Soleleitungsweg Berchtesgaden–Raumsau spazieren und dabei unversehens eine ganz gesalzene Geschichte aufrollen kann.